Max Mehrick

Zerplatzte Sprechblasen

Zehn Jahre Aufarbeitung
aus Erzählendenperspektive

Coverbild, Idee und Umsetzung: Don und Max Mehrick

Layout: Wolfgang Wohlers, einsatz.berlin@mac.com

Herstellung und Verlag: BoD - Books on Demand, Norderstedt

Lektorat: Katja Back, katja@back-fulda.de

Bibliographische Informationen der Deutschen Nationalbibliothek:
Die Deutsche Nationalbibliothek verzeichnet diese Publikation in der
Deutschen Nationalbibliographie; detaillierte bibliographische Daten
sind im Internet über http://dnb.d-nb.de abrufbar.

ISBN 978-3-7534-5389-7

Max Mehrick

Zerplatzte Sprechblasen

Zehn Jahre Aufarbeitung
aus Erzählendenperspektive

Inhalt

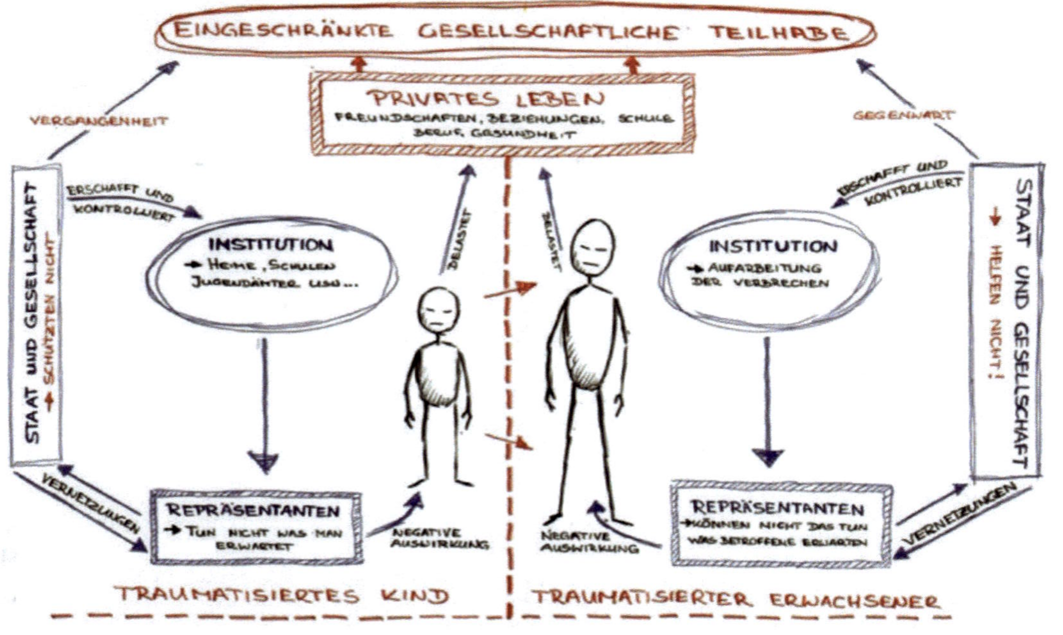

EINGESCHRÄNKTE GESELLSCHAFTLICHE TEILHABE
PRIVATES LEBEN
FREUNDSCHAFTEN, BEZIEHUNGEN, SCHULE, BERUF, GESUNDHEIT
VERGANGENHEIT
GEGENWART
STAAT UND GESELLSCHAFT
SCHÜTZTEN NICHT
ERSCHAFFT UND KONTROLLIERT
INSTITUTION
HEIME, SCHULEN, JUGENDÄMTER USW ...
BELASTET
BELASTET
INSTITUTION
AUFARBEITUNG DER VERBRECHEN
ERSCHAFFT UND KONTROLLIERT
STAAT UND GESELLSCHAFT
HELFEN NICHT!
VERNETZUNGEN
REPRÄSENTANTEN
TUN NICHT WAS MAN ERWARTET
NEGATIVE AUSWIRKUNG
NEGATIVE AUSWIRKUNG
REPRÄSENTANTEN
KÖNNEN NICHT DAS TUN WAS BETROFFENE ERWARTEN
VERNETZUNGEN
TRAUMATISIERTES KIND
TRAUMATISIERTER ERWACHSENER

Das hier Geschriebene und Beschriebene sind Gedanken und Gefühle, Erfahrungen und Empfindungen, die oft stellvertretend für eine Gruppe von Berichtenden stehen, für Menschen, die die Einladung zum Sprechen mit Slogans wie „Sprechen hilft" als Einladung in eine Welt der Teilhabe verstanden haben. Sie haben es als Versprechen verstanden, dass es möglich sein sollte, dazuzugehören, zu einer Welt, aus der sich viele ausgeschlossen und beschämt fühlten, gerade wegen ihrer Geschichten. Nun sollten diese Geschichten scheinbar genau das sein, das zählte: mit und durch die eigene Geschichte gehört, verstanden und angenommen werden. Das aber setzte doch stillschweigend voraus, dass es nach dem Sprechen weitergehen beziehungsweise dass sich etwas verändern muss oder es Konsequenzen geben würde. Aber so kam es längst nicht für alle.

Als Ich-Erzähler versuche ich, auch stellvertretend für andere, zu skizzieren – und auf diesem Hintergrund deutlich zu machen –, warum sprechen vielen von uns nicht wie geplant geholfen hat.

Einleitung

Der Mut zu sprechen

Es bedarf einigen Mut, Klartext zu reden und über Dinge zu schreiben, die einen persönlich betreffen. Die eigene Verletzlichkeit ist so etwas. Vulnerabilität hat keinen guten Ruf.

Daher gibt es auch wenig Raum, ehrlich mit der eigenen Verletzlichkeit umzugehen. Ausgerechnet Betroffene sexualisierter Gewalt in der Kindheit sind es nun seit Jahren, die in ihren Berichten ihre Verletzlichkeit zeigen, sich über das unbrauchbare Gebot: „Es gehört sich nicht, sich verletzbar zu zeigen", hinwegsetzen und demonstrieren, dass Verletzlichkeit keine Schwäche ist, sondern sie zu zeigen Stärke beweist.

Reaktionen aushalten

Betroffenheit und Berührung bei den Zuhörern bedeuten nicht zwingend, dass auch auf Dauer ausgehalten werden kann, was es zu berichten gibt. Wenn es dem Hörenden zu nahe geht, zu viel wird, so bleibt die Möglichkeit des Ausblendens, des Weggehens. Es kann in ignorieren, bagatellisieren und verleugnen münden. Dann sind Geschichten übertrieben, können so doch nicht stimmen oder wer dies erzähle, wolle sich nur interessant machen. Oder es kann damit enden, dass es nun auch genug ist, schon lange her ist – der Blick wieder nach vorne gerichtet werden sollte. Für den Blick von außen ist das leicht möglich.

Andere Reaktionen finden sich im öffentlich-medialen Umgang mit dem Sprechen. Dann kann die Zeit, die gesprochenes Interesse beansprucht, so kurz sein wie eine Nachrichtenmeldung. Jetzt ist es aktuell – morgen ist etwas anderes aktuell. Für Menschen mit ihrer persönlichen Geschichte ist die Nachricht mehr als nur Mitteilung, sie ist erlebte (eigene) Geschichte, der geteilte Blick nach innen.

Das bedeutet dann aber auch häufig ertragen zu müssen, wie andere es interpretieren, einordnen, darauf reagieren und in ihrer Reaktion agieren oder ignorieren. Dort, wo Antworten zwingend notwendig gewesen wären, bekommt dieses Agieren dann oft eine immer stärkere Tendenz zum Ignorieren. Kindheitserfahrungen erneut erlebt im Erwachsenenalter! Es geht sogar so weit, dass es heute aus bekannten Gedankenwelten wieder Regungen gibt, die leugnen, dass es uns Opfer sexualisierter Gewalt so gab und gibt, sie leugnen uns Gebrandmarkten und unser Unheil, indem sie die aufgedeckten Ermöglichkeitsstrukturen als so gegeben infrage stellen, unreflektiert Täterwelten stärken, Taten und Folgen in Zweifel ziehen oder ganz einfach uns betroffene Menschen diskreditieren und uns Glaubwürdigkeit absprechen.

Allgemeines zur Aufarbeitung

Aufarbeitung hat viele Gesichter. Diese können unter anderem sein: institutionell, wissenschaftlich, präventiv, persönlich. Sie beeinflussen sich gegenseitig. Aufarbeitung muss mutig, schonungslos, aufrichtig und ohne – warum auch immer – konziliante Haltung gegenüber Tätern und Täterinnen, Institutionen und Ideologien, die man während der Aufarbeitungsarbeit diesbezüglich in ihren verschiedenen Rollen im Verbrechensgeschehen entlarven könnte, sein. In Letzterem spiegelt sich dann auch die zwingend notwendige Unabhängigkeit wider. Und dann muss Aufarbeitung für den einzelnen betroffenen Menschen auch immer noch etwas sein: eine soziale Arbeit! Sie hat mit Menschen zu tun. Wer sich auf die Aufarbeitung der in unserem Lande seit Jahrzehnten unzureichend beachteten sexualisierten Gewalt an Kindern einlässt, auf eine Aufarbeitung, die direkt auf den betroffenen Menschen zugeht und sie einlädt, sich zu öffnen, muss sich folglich auch auf diese Menschen einlassen und mit diesen Menschen dann auch umgehen, und zwar sozial, im Sinne von hilfsbereit, karitativ, selbstlos, vertrauensvoll, und im Umgang verlässlich. Dabei ist vertrauensvoll und verlässlich unabdingbar! Sonst darf man nicht einfach auf betroffene Menschen zugehen, sie zum Sprechen auffordern, mit Vertrauen werben und damit, dass das dann hilft und vieles besser wird oder macht. Denn das Sprechen ist oft für die betroffenen Menschen nicht das Zentrale! Es ist die Beziehung. Also nicht dass man darüber spricht, sondern wer spricht wann, unter welchen Umständen, mit wem, über was und zu welchem Zweck.

Ich kann also in diesem Zusammenhang nicht vielen Menschen danken, aber denen, die dies alles, wenigstens anfangs und wenigstens ansatzweise, tatsächlich als eine solche Arbeit verstanden haben, zumindest den ernsthaften Versuch dazu unternahmen – und diese Menschen gibt es –, danke ich.

Eine Widmung

Diese Zeilen sind all jenen gewidmet, die an ihrem Mut oft verzweifeln und Angst vor Ihrer Stärke und ihrem Mut bekommen haben, nachdem sie sich gezeigt und gesprochen hatten. Sprechen alleine genügt nicht, denn die, die mit ihrem Sprechen den Anfang gemacht haben, haben gleichzeitig auch den Weg geebnet, sichtbar werden zu lassen, dass es gut überlegte Rahmenbedingungen braucht, damit Sprechen tatsächlich hilft. Sie sind mutige Vorkämpfer, manches Mal unbequeme Mahner und manches Mal entmutigt und enttäuscht.

Vorweg gesagt

Sicher werden die Lesenden dieser Lektüre öfter – dort, wo ich über öffentliche Aufarbeitung schreibe – denken: „Das war doch so auch gar nicht vorgesehen!" Darauf möchte ich antworten: „Ja, vieles war so nicht vorgesehen, aber deswegen fehlt es dennoch."

Wer sich mit der Thematik Aufarbeitung von Gewalt speziell von sexualisierter Gewalt/Missbrauch an Kindern beschäftigt, und das nicht nur dort, wo sie gegenwärtig passiert, sondern auch dort, wo sie längst zu einer belastenden fernen Vergangenheit wurde, der wird nicht umhinkommen zu verstehen, dass es hier an den unterschiedlichsten Stellen die unterschiedlichsten Bedarfe gibt, die man nicht einfach vernachlässigen darf. Wer das nicht berücksichtigt und ganz konsequent der Linie folgt, Persönliches zu verwissenschaftlichen und es in vordefinierte Kriterien zu fassen, statt aus individuellem Schicksal neu zu lernen, der wird sich immer auch schwertun mit dem Prinzip der gleichen Augenhöhe aller Protagonisten in diesem Prozess.

Das Erleben

Betroffene Menschen haben eine sehr spezielle, mitunter tiefgehende oder sehr weitgehende Feldkompetenz. Sie sind Experten in eigener Sache. Im Prozess der öffentlichen Aufarbeitung bringen sie diese ein, bilden sich dann aber über diesen auch eigene Meinungen, deren Gebundenheit an die eigene Sozialisation sicher nicht zu leugnen sind. Letzteres gilt aber auch für die andere, vermeintlich neutrale Seite der anderen Experten. So hat diese Aufarbeitung einerseits ein kollektives Erleben andererseits erlebt jeder Einzelne sehr individuell. Das Erleben Einzelner in diesem Prozess aber kann nicht als falsch abgetan werden. Gerade das Erleben betroffener Menschen wird schnell als „aus der Biografie heraus verständlich" abgetan. Daher ist es für viele betroffene Menschen sexualisierter Gewalt in der Kindheit in diesem Prozess nicht immer leicht, für die eigene Meinung auch mit der eigenen Person einzustehen. Eine andere Meinung zu haben, eine eigene abweichende Perspektive einzunehmen ist aber keine Persönlichkeitsstörung. Auf Augenhöhe sein heißt unter anderem auch, das Recht auf eine eigene Perspektive. Dort, wo Sachverhalte falsch dargestellt werden, sollte das richtiggestellt werden, dort aber, wo es um das eigene Erleben geht, gibt es nichts richtigzustellen! Es ist das eigene Erleben. Im Prozess der öffentlichen Aufarbeitung gibt es für viele betroffene Menschen sexualisierter Gewalt in der Kindheit ein Erleben, das es wert ist, darüber zu schreiben.

Und noch etwas

Um das Folgende so aufzuschreiben, wie es jetzt geschrieben steht, musste ich zuerst das von vielen Menschen in dieser Art in Kindheit und Jugend Erlebte beschreiben, weil dann verständlicher wird, warum ich so denke, fühle und schreibe. Als Beispiel für das Erlebte hätte ich eine der vielen mir jetzt bekannten Biografien, die sexualisierte Gewalt in der Kindheit beinhaltet, zugrunde legen können. Ich bemühe aber die eigene Geschichte aus einer eigenen Perspektive, um dann von dem Erleben der angebotenen Augenhöhe im Aufarbeitungsprozess zu sprechen. In diesem Erleben – dem ja jeweils ein von mir, zu dir, mit dir und von dir (letzteres heißt, wie wird „der andere Mensch" erlebt) zugrunde liegt – darf es keine überlegenere Perspektive geben. Beide Kontexte sind aufeinander bezogen. Keine Perspektive ist überlegen, nur anders.

Schon der Umstand, dass ich nun zurückblicken muss und mir – wie anderen von sexualisierter Gewalt in der Kindheit betroffenen Menschen auch – der erst vor wenigen Jahren erworbene „Blick nach vorne" wieder abhanden kam, ist ein erschreckender.

Und so habe ich mich jetzt entschlossen, auch darüber zu schreiben, was mich verletzt und gekränkt hat, und warum es für mich nichts Vernichterendes gab, als mich zu öffnen, zu erzählen und zu erklären. Das alles hätte ich, wie viele andere auch, tun können und müssen hinter der verschlossenen Tür eines Therapieraumes, aber nicht dort draußen in der Welt, zu dieser „Draußen-Welt", zu der ich niemals gehört habe und wohl niemals gehören werde. Ich hatte es gewusst, jahrzehntelang war es mir klar, ich hatte mich damit arrangiert, dann aber öffnete ich mich und betrat diese andere Welt, aus der ich so lange ausgegrenzt war. Ähnlich wie die betroffenen Menschen sexualisierter Gewalt in den Kirchen, die auf diese zugingen, um ihr noch einmal zu vertrauen. Aber das Betreten dieser Welt war ein Fehler, so scheint es nun, und viele Menschen mit ähnlichen Biografien empfinden das heute ebenso!

Und daher schreibe ich nun angstvoll von einem Leben, das keines war, und von dem ich mir vor zehn Jahren eine Änderung erhoffte. Vor nun schon über zehn Jahren begann ich voller Hoffnung, voller Ängste, voller Unsicherheiten, voller Zweifel an mir selbst auf die Menschen zuzugehen. Und nun stehe ich weit am Ende. Immer noch, – und wieder – wie mein gesamtes missratenes Leben lang, ziemlich verlassen. Zehn Jahre, in denen ich mit all meiner Kraft – auch wenn das nicht viel ist, oder war, es war meine gesamte Kraft – versucht habe, Menschen zu begegnen.

Und dabei wurde mir klar, was Aufarbeitung für mich hätte auch sein müssen. Begegnung! Begegnung mit Menschen! In der Begegnung können wir heilen, wenn wir darin positiv wahrgenommen werden. Und darüber fing ich an zu schreiben. Immer an diesem Thema! Begegnung und warum sie mir, dem die positiven Begegnungen schon im frühen Kindesalter fehlten, weil sie mir von keinem Erwachsenen und zu keiner Zeit auch nur ansatzweise geboten wurden, am Ende dann immer noch nicht gelingen konnten. Das Schreiben baut mich auf, denn Menschen gibt es für mich immer noch und schon wieder zu wenige, also flüchte ich in das Wort und dann aber erschlägt es mich, das Wort, denn das Wort, in das ich flüchte, ist ein vernichtendes! Es entblößt die Tragik einer scheinbar so umfassenden nicht selbstverschuldeten Lebensuntauglichkeit seit Anbeginn.

Das, was ich hier schreibe, ist ganz subjektiv und überhaupt nicht fair, denn es ist meine – wenn auch mit vielen anderen betroffenen Menschen sexualisierter Gewalt in der Kindheit abgeglichene – Innensicht und es ist keine fein abgewogene akademische Auseinandersetzung. Denn das, was mich letztendlich zerreißt, sind keine fein ziselierten dezenten Auslenkungen, sondern monumentale Zerwürfnisse, Abwendungen in höchster Not, das Brechen der letzten Verbindung und der Sturz in den Abgrund. Es ist eben nicht schön, sich aus einem Haufen „Scheiße" zu wühlen, eine Leiter hochzuklettern, um dann – aus einer größeren Fallhöhe – wieder in den gleichen Haufen zu stürzen. Es scheint mir ein bisschen wie in einem Gedicht von Erich Fried:

Humorlos
Die Jungen werfen
zum Spaß
mit Steinen
nach Fröschen
Die Frösche
sterben im Ernst

Das alles bringt mich nun zu einer sehr eigenen Sicht der Dinge und dabei muss ich nicht mehr beachten, dass ich nicht aussprechen darf, was die vielen Menschen mit ihren guten Absichten in der „öffentlichen Aufarbeitung" – dort wo sie der betroffenen Menschen bedurften, um ihre Arbeit zu machen – falsch machten und machen. Ich habe ein Recht so zu fühlen, wie ich es tue.

Ich sehe ihre Verantwortungen – die Erkenntnis der reinen Bedeutung des Sprechens, die Gestaltung des Rahmens und dass es im Ergebnis dann auch im Lichte der real von den betroffenen Menschen erlebten Erfahrung beleuchtet und bewertet werden muss! Das tatsächliche Ergebnis kennt hier somit zumindest zwei Blickwinkel, den der Wissenschaft und den der Betroffenen – und ich sehe auch meine Verantwortung! Ich hätte mich schützen müssen. Die Aufarbeitung ist nicht mehr für mich, sie war es im Ergebnis auch nie. So geht es vielen und das sollen die Menschen wissen.

Wer sich zeigt, wird gesehen. Wer sich zeigt, wird so gesehen, wie er sich zeigt. Betroffene Menschen sexualisierter Gewalt in der Kindheit zeigen sich durch ihr Sprechen. Sie berichten aus der Vergangenheit und zeigen sich aus der Perspektive des Damals. Wer nicht genau hinsieht, wird den Fehler begehen, sie dann auch ausschließlich so zu sehen. Als Opfer! Sie sind jedoch mehr als das, aber das zu zeigen, ist ihnen nur möglich, wenn man auch nach dem ersten Sprechen mit ihnen umgeht. Gerade die vielen Menschen, die durch Nebentüren den Vertrauensraum betreten, der von der (öffentlichen) Aufarbeitung gestaltet wurde, sollten das dringend bedenken.

Kapitel 1
Kindheit und Jugend

Ich wurde circa fünfzehn Jahre nach dem Zweiten Weltkrieg noch in die Gründerjahre der Bundesrepublik hineingeboren. Rückblickend erinnere ich mich an eine sehr eigenartige, angespannte gesellschaftliche Atmosphäre. Ich kann selbst heute, Jahrzehnte später, nicht sehen, geschweige denn spüren, dazugehört zu haben. Ich kann heute auf die Zeit zurückschauen und sehe mich, wie ich als Kind diese eigenartigen Menschen und ihren Umgang miteinander beobachte. Ich bin nicht dabei, gehöre nicht dazu und werde das auch nie tun beziehungsweise mehr als nur situativ erreichen.

Die Väter, Brüder und Söhne waren – hatten sie das selbstentfachte Inferno abartigster menschlicher Grausamkeit überlebt – weitestgehend mit dieser entsetzlich schambesetzten Vergangenheit zurückgekehrt, und trafen nun auf ihre Mütter, Schwestern, Töchter. Die Selbstständigkeit dieser Frauen war zwar durch die Abwesenheit der als Helden ausgezogenen zwangsläufig, aber den Rückkehrenden schwer erträglich. Der Versuch, wieder als Patriarchen in die Familienverbände zurückzukehren, war schon deshalb verkrampft, weil es nun wirklich gar nichts mehr gab, was das rechtfertigen hätte können, schon gar nicht großartige Leistungen aus der jüngsten Vergangenheit. Im Gegenteil! Elend, Leid und

Tod hatten sie im Gepäck, als sie zurückkamen, was es völlig abwegig erscheinen ließ, dass sie nun wieder auf diese patriarchale Vormachtstellung pochten. Männer wie Frauen fiel die Orientierung in dieser Zeit schwer. Jedem Einzelnen und somit allen. Es entstand ein Klima der spießigen Beschränktheit, in der jeder nach „heiler Welt" strebte. Dazu war es wichtig, sich möglichst wenig mit dem zu befassen, was gerade an Menschheitsverbrechen hinter einem lag. Am besten war es, man tat so, als wisse man davon gar nicht. Diese eigenartige gesellschaftliche Stimmung wog schwer und führte zu einer bedrückenden „Enge".

Mit verkrampfter Unbescholtenheit versuchte eine Gesellschaft, ihre Schuld und Scham zu überspielen. Bestätigung fand man in der Tatsache, dass die Versorgungslage spätestens ab Mitte der 1950er Jahre nicht mehr ganz so katastrophal war, es in der Wirtschaft langsam aber stetig bergauf ging und das auch für die jeweiligen persönlichen Lebensumstände galt. Deutlich begannen sich die sozialen Strukturen eines „modernen" Industriestaates abzuzeichnen, das Unfassbare aber waberte stark nachwirkend, unbeachtet, unbearbeitet und verdrängt durch das gesellschaftliche Miteinander.

Wie man meinen sicher sehr subjektiven Erinnerungen entnehmen kann, schien es weiterhin wenig erstrebenswert, sich mit Menschlichkeit, Wärme, Liebe und einem sozialen Miteinander zu befassen, in dem man Vergangenes aufarbeitet und daraus lernend die richtigen Schlüsse zieht. Gut ersichtlich war das häufig hinsichtlich der Erziehung von Kindern. Hier zeigten viele der Erwachsenen wenig Neigung, nach einer kindgerechten Erziehung zu streben. Wenn Eltern oder Erzieher und Erzieherinnen ihre Kinder erzogen, dann war Gewalt, dann waren Ohrfeigen, Tritte oder Schläge als Mittel der Erziehung weit verbreitet. Der Rohrstock – der innen keineswegs hohl war, sondern meist ein schmiegsam-elastischer Schlagstock aus Rattan – war ein gängiges Erziehungsinstrument. Fast habe ich heute das Gefühl, jeder Tritt, jeder Schlag und jede Demütigung, die sich von einem Erwachsenen gegen ein Kind richteten, konnte relativiert werden mit dem Gedanken: „Was ist das schon gegen das, was ich erlebt habe?".

In diese Zeit also wurde ich hineingeboren. Aber es so zu schreiben ist falsch. Ich wurde nicht dort hineingeboren. Diese von mir gerade rückblickend beschriebene Welt, in der geradezu lächerlich verkrampft versucht wurde, eine gute Welt voll Harmonie und Humanität, voll zwangloser Gelassenheit, jedoch bei klaren und eng gezogenen gesellschaftlichen Regeln anzustreben, in dieser Welt wurde das, was nicht sein sollte, ignoriert! Ausgeklammert. Man sah es nicht, man sah einfach nicht hin, man wollte nicht hinsehen. Dieses Schlechte, dieses Verlogene, dieses spießige, aufgesetzte Selbstgerechte wurde also einfach weggeschoben. Einfach ignoriert und verdrängt!

Ja, das wollte man nicht sehen, und wo es nicht zu übersehen war, ignorierte man es. Darauf schaute man nicht, das sah man sich nicht an. Ein riesiger Haufen Schlechtes und

Böses, Verdrängtes und Ignoriertes, Geleugnetes und Unverarbeitetes war – gestützt von unausgesprochenen scham- und schuldvollen Erinnerungen – das Fundament dieser mühsam errichteten ach so bürgerlichen Fassade. Aber man scherte sich nicht darum! Und aus dem Geburtskanal fiel ich genau in diesen Haufen „Scheiße". So gab es für mich von Beginn an nur Schlechtes, Böses, Verlogenes und Heuchlerisches. Dort wurde ich hineingeboren, dort, wo niemand hinschaute, aus der (wenn auch nur scheinbar) sicher bald schönen und langsam heilenden Welt, nach all dem Morden.

Eltern oder ein Elternhaus hatte ich faktisch nicht, stattdessen andere fremde Erziehende und – die ersten Jahre ausschließlich – Erzieherinnen. Schon als Säugling kam ich in ein Heim. Das war nicht gut! Es war und ist für keinen Säugling gut. Man wusste es auch. Auch damals schon! Aber weil es nicht gut war, schaute man nicht hin. In den ersten Jahren meines Lebens waren jedenfalls ausschließlich Frauen für meine „Erziehung" – oder sollte ich besser sagen Züchtigung – zuständig. Manchmal – warum auch immer – sadistisch veranlagte Frauen, meistens aber waren sie einfach nur verroht. Dass sie so waren, hatte sicher verschiedene Gründe. Sie kamen selbst traumatisiert aus den Weltkriegen (viele hatten schon den Ersten Weltkrieg 1914–1918 miterlebt) oder sie hatten anderswo gelernt, Härte wäre das am besten geeignete Mittel der Erziehung, und es gab wohl Frauen, die waren einfach so. Ich muss das verstehen. Ich muss und musste ja immer alles und alle verstehen. Was blieb und bleibt mir anderes übrig? Ich gehöre und gehörte ja nicht dazu. Wer nirgends dazugehört, möchte möglichst vieles und viele verstehen! Das gibt ein Zugehörigkeitsgefühl.

Ja, die ersten Jahre waren geprägt von harten, verrohten manchmal sadistisch veranlagten Frauen. Über das allgemeine Verhältnis zur Erziehung in dieser Zeit habe ich schon etwas geschrieben. Hier nun speziell hatten viele Frauen ihr Wissen um eine gute Erziehung unter anderem von Menschen wie Johanna Haarer. Die Ärztin und frühere Schülerin verschiedener reformpädagogischer Landerziehungsheime beschrieb Generationen von Müttern und/oder anderen Erziehenden, um was es bei der Erziehung vornehmlich zu gehen hat. Es sind unter anderem Dinge wie: Sauberkeit, Ordnung, Abhärtung, absoluter Gehorsam, und somit auch die Schaffung verfügbarer Menschen. Und ein christlicher Glaube ließ Erziehung ohne Prügelstrafen und Züchtigungen scheinbar ohnehin überhaupt nicht zu. Kein Wunder, waren die Frauen meiner Säuglings- und Kleinkindzeit so, wie sie waren. Ich musste das verstehen, schon aus Gründen des Überlebens.

Wenn ich ehrlich gestehen soll, drängen sich bei meinen Erinnerungen und meinen Recherchen heute weitere Gedanken zu meinen damaligen Erzieherinnen auf. Die ersten, mit denen ich zu tun bekam, gehörten einem christlich ausgerichteten Frauenbund an. Sie wünschten sich in erster Linie gottes- und somit obrigkeitsfürchtige Menschen. Dieser Wunsch führte eigenartigerweise dann oft zu Gewalt und/oder unmenschlicher Behandlung. Es waren aber auch sehr fortschrittliche Erziehungsmethoden. Geschlagen, geprügelt, gedemütigt und unmenschlich behandelt wurde, was Kind war, geschlechtsspezifische Unterschiede wurden nicht gemacht.

Manche Bilder vergesse ich nicht. Das kleine Mädchen, das nur mit einer Unterhose bekleidet dastand und auf das wartete, was da nun kommen würde. Es waren Schläge, das wusste das Mädchen aber noch nicht. Ich sehe das Mädchen immer noch vor mir. Lange Zeit war mir in Erinnerung, dass die Unterhose viel zu groß war und schlabbrig an ihrem ansonsten nackten Körper hing. Heute kann ich verstehen, dass es das Mädchen war, das viel zu dünn und ausgemergelt war und der grau verwaschene Fetzen ihr gepasst hätte, wäre sie entwickelt gewesen, wie sie es hätte sein können oder sollen. Heute bin ich erwachsen, sehe aber das Bild eigenartigerweise immer noch aus der Perspektive von damals: Sie ist ein klein wenig größer als ich in diesem Erinnerungsbild. Sie steht seitlich zu mir und ich kann ihr nicht über den Kopf schauen. Ich war fünf Jahre alt und sie muss in meinem Alter gewesen sein.

Es wurde dann auch in meiner gesamten weiteren Kindheits- und Jugendzeit immer „schwierig", wenn ich auf gottesfürchtige Menschen – egal welcher christlichen Konfession – traf, die mir gegenüber irgendeine „Erziehungstätigkeit" ausübten. Der Glaube ist sicher etwas Schönes. Das Konstrukt einer Kirche halte ich nicht nur für unnötig, sondern aus Erfahrung auch für gefährlich. In ihrer Gesamtheit wird dieses System schnell zu einem Machtinstrument für den Einzelnen, der in diesem System – und durch dieses – mit Macht ausgestattet wird. Es ist anfällig für gewisse Strafdelikte gegen Schwächere. Dieses Konstrukt gibt und legitimiert Macht und kann selbst gewaltsames Herrschen legitimieren – über andere und eben ganz vorwiegend über Schwächere. Diese Heuchler und Heuchlerinnen in Priestergewändern und Habits. Aber sicher sind diese Moralisten und Moralistinnen, diese Speerspitze alles Menschlichen und Anständigen nur so schlecht, verkommen und widerwärtig in ihrem Handeln, um Gott zu zwingen, nun doch endlich einzugreifen. Natürlich verstehe ich das! Ich musste ja immer alles verstehen.

Ich muss gestehen, ich war aber auch ein eigenartiges Kind. Mit mir hatte man es schwer. Dieses krankhafte Misstrauen allen Menschen gegenüber, diese vollkommene Unsicherheit, die mich scheinbar alles falsch machen ließ, diese dauernde und entsetzliche Ängstlichkeit, mit der ich nervte. Das musste man doch irgendwie rausgeprügelt bekommen. Aber bei noch so viel Mühen, ich war und blieb fortan ein unnormaler Außenseiter.

Die „selbst verschuldeten" Folgen meiner absolut unverständlichen Andersartigkeit waren fehlendes Vertrauen in mich und die Welt, Angst und Panikattacken, fehlendes Selbstwertgefühl und Unsicherheit in allen Lebenslagen. Auf die anaklitische Depression und die abgrundtiefe Verzweiflung wurde fortwährend noch „etwas draufgesetzt". Das

Kind, das ich war, wurde sozusagen jeden Tag ein bisschen mehr zerstört. Mutwillig und böswillig, vorsätzlich und absichtlich. So muss man es sagen!

Kapitel 2
Schulzeit

So ausgestattet wurde ich dann selbst in ein „reform-pädago-gisches" Landerziehungsheim eingeschult. Damit veränderte sich mein Umfeld grundlegend. Veränderungen sind schwie-rig für jemanden, den man bis hierhin mit „bester Erziehung" zum „Nichts-Sager" erzogen hatte, jemand, der nicht zu sich stehen konnte und daher immer falsch lag, falsch fühlte, falsch dachte, falsch handelte – zumindest so lange, bis je-mand einem das Gegenteil bestätigt. Bis dahin aber war das eigene Sein, das eigene Ich immer falsch! Und dieses „Bestä-tigen des Gegenteils" hielt auch immer nur für einen kurzen Moment vor, dann war ich – und alles an mir – wieder falsch. Wie nachhaltig doch eine so stringente Erziehung sein kann! Sogar die „Schaffung eines verfügbaren Menschen" hatte man tatsächlich mit Bravour bewerkstelligt. Und das war ich – immer noch Kind – dann auch: „verfügbar". Das war schon deshalb so, weil ein „Nichts-Sager" nichts sagen kann oder zu sagen hat. Schon gar nicht „Nein". Aber weil ich – selbst dort, wo es um mein eigenes Leben ging – kein Mitspracherecht hatte, war es nur konsequent, keine Stimme zu haben.

Und so kam es, wie es kommen musste. Von dem Verfüg-baren wurde Gebrauch gemacht. Übrigens, ein erstes Mal körperliche Nähe! Ein erstes Mal Wärme eines anderen Kör-pers an dem meinen, ein erstes Mal das bewusste „Erriechen" eines anderen Menschen. Das erste Mal forschende Hände am eigenen Nichts. Das erste Mal auch, dass diese Hände der Erwachsenen nicht geballt oder flach, meist mit Schwung oder Wucht auf einen zukamen. Wahrscheinlich bin ich schuldig daran, dass ich als Kind diese Art von körperlicher Nähe, die es nun plötzlich gab, nicht verstand, aber hätte ich es mir erlaubt zu denken, dann hätte ich gedacht: „Ich will das nicht!" Ich aber konnte nur fühlen, dass ich das nicht wollte, doch dieses Gefühl musste falsch sein.

Denn welche Hände waren wohl besser? Die, welche mit Schwung und Wucht auf einen zukamen, oder die, welche scheinbar keine Schmerzen verursachten, aber doch so sehr unangenehm waren, dass sie dann im Nachhinein ein ähnlich unbehagliches, schmerzähnliches Gefühl hinterließen wie nach einer gehörigen – bezeichnenderweise sprach man oft und fälschlich auch von einer „ordentlichen" – Tracht Prügel? Die Prügelschmerzen aber waren Strafe. Die mussten also so sein! Sie schienen wohl richtig, was ja aus den Worten „gehörig" und „ordentlich" auch schon hervorgeht! Das „schmerzähnliche Gefühl" dieser mich so eigenartig berührenden Hände und Körper war scheinbar gar keine Strafe und es ging ihnen meist gar kein Ungezogen-Sein voraus! Und diese Wärme, nach der man sich doch gerade als Kind so sehnt, die doch für Kinder so wichtig ist, hier war sie nicht zu ertragen. Früher berief man sich auf einen alten Griechen, der wohl meinte: „Wer nicht geschunden wird, wird nicht erzogen" (Menandros 342–291 v. Chr.). Jetzt mussten die „alten Griechen" wieder herhalten, diesmal für diese Erwachsenenhände und -Leiber am Knabenkörper. Solche Widersprüche waren mir unerklärbar und ich kann es nur damit entschuldigen, dass ich noch ein dummes Kind war.

Aber es wurde langsam besser. Schon bald spürte ich die „Wärme" nicht mehr – zumindest nicht als Wärme – und die forschenden Hände wurden, bis auf bestimmte Momente, etwas Fremdes, das mit mir nichts zu tun hatte, und nur wenn sie „unter die Haut" gingen, blieb es entsetzlich. Auch störte mich der Alkohol geschwängerte Schweißgeruch nicht mehr. Sperma riecht wie blühender Efeu. Wie blühender Efeu riecht, wusste ich damals nicht. Am liebsten hätte ich „Nein" gesagt. Ich tat es nicht, man hatte mich erzogen. Ich war noch lange Kind.

Ja, ich blieb eben ein seltsames Kind. Und ich war nun auf ganz unerklärliche Weise schmutzig geworden. Und ja! Ich spürte es ganz deutlich. Ich war schmutzig. Da konnte ich mich waschen so oft und so viel ich wollte. Ich blieb schmutzig. Ich blieb Dreck. Wie oft stand ich stundenlang im Duschraum unter der Brause und fühlte mich danach nicht nur immer noch schmutzig, sondern oftmals war ich auch noch ein weiteres Mal beschmutzt worden. Eigenartig, gerade zu der Zeit, als man sich scheinbar so um mich bemühte und man sich mir so zuwendete, entstand mir dieses Gefühl. Ein Gefühl, das es schaffte, dass ich mich bis heute ungern umarmen lasse, weil der oder die Umarmende des Schmutzes an mir gewahr werden könnte. Es fällt mir heute noch schwer, das alles zu verstehen. Aber ich muss verstehen! Sonst gerate ich doch immer weiter ins Abseits. Ich muss verstehen! Sie wollten nur Gutes, waren wunderbare Menschen, große und großartige Pädagogen und hervorragende Erziehende. Das muss ich gestehen und verstehen!

Kapitel 3
Veränderungen durch die „68er"

Die Zeiten hatten sich dann aber verändert. Außerhalb meiner Welt. In der schönen, in der guten und richtigen Welt. Diese Veränderung begann damit, dass man versuchte das zu sehen, was man seit den ersten Nachkriegsjahren nicht sehen wollte oder einfach ignorierte. Unter anderem, wie viel Nationalsozialismus in der neuen, geläuterten Republik noch steckte. Dort wollte man nun hinschauen. Aber es gab da tatsächlich vieles, was zu beschauen war, doch um die Lebenssituationen von Kindern wie mich erkennen zu können, hätte es eines speziellen Blickes gebraucht. Es wäre ein anderer Blick notwendig gewesen. Dieser Blick veränderte sich tatsächlich auch, aber er wurde sogleich von speziellen, oft einflussreichen Menschen aus Erziehung, Wissenschaft und Politik, scheinbar unter Berücksichtigung der „revolutionären Lage" und unter dem Aspekt der allgemeinen Auf- und Umbruchstimmung der Befreiung, eigentlich aber oft nur wegen persönlicher Vorlieben, derartig verzerrt, dass viele Kinderschicksale gar nicht mehr gesehen werden konnten, und schließlich als selbstverständlich hingenommen wurden. Die Ironie lag hier auch darin, dass diese Menschen oft ihre nationalsozialistischen Biografien frisiert hatten oder verschwiegen und nun als neue Vordenker Deutungshoheit erlangten und erneut Unheil anrichteten. Sie benutzten das Wort Humanismus und segelten unter dieser Flagge, auch weil der

Humanismus genau das Gegenteil von Faschismus ist. Fast scheint es mir, als wären es unter anderem wieder der „niedere Dienstadel" und Familien des „Großbürgertums", die nun erneut und unter anderem durchaus mit sehr „persönlichen Vorstellungen" nach Einfluss rangen mit und neben all ihren dynastischen Ambitionen. Aber ansonsten schaute man hin. Zumindest gab es den Willen dazu und die Motivation vieler dafür war, dass man aus diesem stickigen spießbürgerlichen Dasein ausbrechen wollte. Es war vorbei mit der oberflächlich beschaulichen Ruhe der noch gar nicht so alten Bundesrepublik. Sie wurde zunehmend von den Einflüssen der „Hippiekultur" und von sozialkritischen Protestbewegungen gestört. Die bisherige Ordnung wurde immer mehr als ein viel zu eng geschnürtes bürgerliches Korsett empfunden. Trotz des Wohlstandes, der immer weiterwuchs, empfanden die Protestbewegten eine persönliche Unfreiheit. Sie forderten Freiräume, auch politische.

Spätestens ab 1968 versuchte die Jugend, die Ketten zu sprengen und die herrschende bürgerliche „Keine-Experimente-Kultur" Adenauers herauszufordern. Ganz grundsätzlich ist wohl festzustellen, dass die Gesellschaft die volle Zeit meiner restlichen Kindheit und Jugend in zwei Lager gespalten blieb: das bürgerliche konservative Lager und das staatskritische von der Popkultur beeinflusste, dem vornehmlich die jüngere Generation angehörte. Ich aber war erst einmal circa zehn Jahre alt, und ich provozierte, urteilte und beurteilte nicht! Ich blieb ein „Nichts-Sager". Meine Urteilskraft reiche gerade dazu aus, mich selbst zu beurteilen. Ich urteilte weiter so über mich, wie man es mich gelehrt hatte: schlecht, böse, dumm, unwert und schmutzig. Die Welt, in der ich seit Anbeginn lebte und die niemand sehen wollte oder alle ignorierten, hatte mich weiterhin fest im Griff.

Ich blieb – in meinen Augen – ein Nichts. Die anderen provozierten mit allem, was sich nur irgendwie dafür zu eignen schien. Mit immer länger werdenden Haaren und schlabbriger Kleidung, mit aggressivem Auftreten und zärtlichem Umgang miteinander; mit der politischen Gesinnung, mit Religion, genauer noch, mit Blasphemie, mit Rock'n' Roll, mit neuen grenzenlosen Regeln des Zusammenlebens, mit Drogenkonsum und freier Liebe, jedenfalls wurde es Liebe genannt. Auch mit der Enttabuisierung der Sexualität oder der Verantwortung der Eltern und Großeltern für den verheerenden Zweiten Weltkrieg wurde provoziert. Über beides wurde nun offen und überall gesprochen. Über Sex, um modern und tabulos zu wirken; über die Schuld der Eltern, um schuldlos und unbelastet ein möglichst fröhliches Leben zu leben.

Und plötzlich hatte diese Welt etwas mit meiner Welt zu tun. Diese sich wie auch immer im Umbruch befindende, aber eben auch immer irgendwie lebenswert erscheinende „Außen-Welt" streifte die ungesehene, von allen Menschen scheinbar ignorierte Welt, in der ich lebte. Für mich als Kind war es damit noch schwieriger geworden, das alles zu verstehen. Die alte „Außen-Welt", die scheinbar neue „Außen-

Welt" und die Welt, in der ich lebte. Hinzu kam, dass sich meine Welt nun tatsächlich auf einen sehr abgelegenen Ort, dem Landerziehungsheim, beschränkte – zu dem ich allerdings auch nie richtig gehörte. Aber auch für diesen Ort galt dann eben wieder das von mir Beschriebene. Es gab die wunderbare, schöne Welt, gestaltet von Jugendbewegten, „Humanisten" und ihren willigen Helfern, und es gab die Welt, in der ich lebte, belastet und belästigt durch eben diese!

Es war ausgerechnet das „Tabuthema Sexualität", das mir zum Verhängnis wurde. Vielleicht spielte anfangs tatsächlich das Provozieren eine Rolle, als man dieses Thema laut und offen – und für das konservative Lager schamlos – begann zu diskutieren. Im Grunde genommen war mir die Sexualität tatsächlich schon lange zum Verhängnis geworden. Nicht die eigene, sondern die anderer, und man sollte meinen, dasselbe könne dann nicht noch ein zweites Mal zum Verhängnis werden. Das Verhängnis bestand nun darin, dass meine Situation durch die Veränderungen in der „Außen-Welt" für mich noch unauflösbarer wurde, als sie das schon war. Das, was in meiner Welt, der ungesehenen, geschah, mit mir geschah, schien etwas zu sein, das die Menschen nun auch in der „Außen-Welt" „haben" wollten. Eigenartig berührende Erwachsenenkörper und Hände an Kinderkörpern. Das war aber genau das, was ich in „meiner Welt" am meisten fürchtete und am wenigsten haben wollte. Zu den vielen Widersprüchen, die zwischen meinem Denken und Fühlen entstanden waren, kam jetzt also auch noch diese von außen eingebrachte Verunsicherung dazu, die es mir auf lange Zeit vollkommen unmöglich machte zu erkennen, was mir geschah.

Wenn über diese Zeit berichtet wird, gibt es sicher vieles, worüber zu sprechen wäre. Ich erzähle, wie ich es erlebt habe, und das ist sicher keine vollständige und schon gar nicht historisch-wissenschaftlich belastbare Wiedergabe der gesellschaftlichen Vorgänge der damaligen Zeit. Es ist das Erleben eines Kindes und späteren Jugendlichen, und ich erzähle es, um die Konsequenzen für das Kind, den Jugendlichen deutlich werden zu lassen. Und um die Belastungen zu verdeutlichen, mit dem dieser junge Mensch zu kämpfen hatte, und um zu zeigen, wie das alles Jahrzehnte später immer noch und wieder wirkt. Und ich erzähle es, weil ich – wie viele andere mit ähnlichen Kindheitsbiografien – vor circa zehn Jahren den Entschluss fasste und dann den Mut zeigte, mich mit der Welt versöhnen zu wollen, diese dann aber, in meinem Erleben, oft halbherzig, wenig menschlich, mit wenig Verständnis und schon sehr bald wieder eher unwillig auf mich zuging und mich dadurch erneut und sehr nachhaltig belastete.

Aber der Reihe nach. Ich war Kind und ich musste mich – wie jedes Kind – orientieren. Bloß woran? Orientierung findet das Kind doch vor allem dadurch, dass es aus der Erwachsenenwelt eine wohlwollende Wertschätzung erfährt. Dem Kind muss vermittelt werden, dass es wert ist, sich ihm zu widmen. Man muss ihm ein Geländer in die Welt bauen, für es da sein und kindgerecht verständnisvoll auf es eingehen. Dadurch ergibt sich automatisch eine Orientierung. Das ist gut und das machst du richtig, das ist nicht oder weniger gut und das machst du falsch. Kinder holen sich so bei und von den Erwachsenen ihres Umfelds Sicherheit und Orientierung.

Diese Erwachsenen fehlten mir vollständig! Es gab sie nicht. Seit Anbeginn meines Lebens nicht. Das ist so nicht ganz richtig, denn zumindest die ersten Jahre bekam ich, wie beschrieben, sehr deutlich etwas von der Erwachsenenwelt vermittelt. „Das, was du tust und bist, ist falsch!" Andauernd war das, was ich tat, falsch. Wenn ein Kind aber nie etwas richtig macht, nie das Gefühl vermittelt bekommt, etwas gut zu machen – und gut zu sein –, dann wird sich das Kind irgendwann falsch fühlen. Und mit diesem Gefühl kam ich dann an einen Ort, wo es den Erwachsenen scheinbar egal war, ob ich Richtiges tue oder Falsches, und an dem mir bald schon nicht mehr gesagt wurde, das ist gut und das ist schlecht. Es kam noch schlimmer! Man handelte an mir und behandelte mich falsch, tat dann aber so, als wäre es richtig. Aber allein schon einem Kind, mit einer solchen kindlichen Biografie wie der meinen, mit einer solchen Vernachlässigung zu begegnen, es also verwahrlosen zu lassen, hat schon wieder – abgesehen von dem tatsächlich Gewalttätigen – etwas Gewalttätiges, und es scheint mir aus heutiger Sicht nicht unbeabsichtigt. Weit über ein Jahrzehnt hätten diese Menschen die Möglichkeit gehabt, die bereits in früher Kindheit zugefügten Schädigungen zu minimieren, gar zu heilen. Sie taten es nicht, sie taten das Gegenteil. So erging es vielen Kindern, sie wurden vor allem anderen geschädigt.

Ich jedenfalls orientierte mich daher fast ausschließlich an den Gleichaltrigen und den wenig Älteren. Von denen kam – sehr verwässert – an, was sich an gesellschaftlichen Veränderungen so tat. Ihnen aber sah man die gesellschaftliche Veränderung schon an.

Manche, gerade eben erst Jugendliche, waren oft schon langhaarig, trugen Turnschuhe und Jeans, zerschlissene Jacken, auf denen sie sehr häufig ein oder mehrere Peace-Zeichen gezeichnet, genäht oder gestickt hatten. Man versuchte so zu sein wie die Revoluzzer, die Protestler, die Umstürzler.

Cool musste man sein, alles ablehnen, was von den vorherigen Generationen kam, gegen Gewalt und Krieg, gegen „die Amis", gegen die Grundgesetzänderungen (Notstandsgesetze), den Springer-Verlag (was für mich die Bild-Zeitung war), gegen die Tabuisierung der NS-Vergangenheit, für die „freie Liebe" musste man sein, und die Emanzipation der Frau wurde zu einem beherrschenden Thema. Natürlich orientierte ich mich auch bei meinem Konsum von Alkohol und Drogen an den Gleichaltrigen beziehungsweise etwas Älteren. Dass die Wirkung bei mir eine andere war, konnte ich nicht ahnen. Mit dem ersten Schluck Bier, mit dem ersten Zug aus einer Haschischpfeife hatte ich das Gefühl, plötzlich in der „Außen-Welt" sein zu können, in diese andere Welt einzutauchen, dazu zu gehören. Damit erreichte ich eine andere Dimension, in der es Ängste, Sorgen und Nöte – zumindest die meinen – nicht gab.

Meine langen Haare waren eher ein Ausdruck der Verwahrlosung. Andere mussten sich mit den Erwachsenen in ihrem Nahumfeld auseinandersetzen und tatsächlich dafür kämpfen, lange Haare und diese Kleidung tragen zu können. Um mich kümmerte sich nicht wirklich jemand. Es war jedem egal, ich musste dazu keine Kämpfe austragen. Aber es gefiel mir insgeheim, dass es nach Protest aussah.

Ich glaube rückblickend feststellen zu können, dass diese von mir gerade angesprochene Emanzipation der Frau der 68er-Bewegung die Mädchen und jungen Frauen an diesem Ort, an dem ich lebte, unglaublich unter Druck setzte. Dabei war wohl das Hauptproblem, dass es zwar eine „sexuelle Revolution" geben sollte, aber das Verhältnis der Geschlechter untereinander keineswegs in Frage gestellt wurde. Im Grunde genommen bedeutete die zu dieser Zeit geforderte freie Sexualität, dass die Frauen den Männern – und an dem Ort, an dem ich lebte, die jungen weiblichen Heranwachsenden den männlichen Heranwachsenden und die Mädchen den Jungs – immer frei verfügbar sein sollten. Sie, die Frauen und Mädchen, mussten oft ihre Intimsphäre weitestgehend aufgeben, wollten sie nicht als verklemmt gelten. Das galt natürlich ganz grundsätzlich auch für das männliche Geschlecht. Wer Schamgefühl zeigte, war suspekt, ebenso war es bei dem Wunsch nach Privatheit. Erst im direkten Windschatten dieses ersten – im Grunde genommen unehrlichen – Versuchs der 68er, für die sexuelle Selbstbestimmung der Frauen zu kämpfen, entstanden also Frauenbewegungen, die diese Problematik dann wirklich im Interesse der Frauen neu aufgriffen.

Aber das alles sind Erkenntnisse, denen ich erst rückblickend wirklich gewahr werde. Das, was für die jungen Frauen galt, betraf aber auch mich in gewisser Weise. Das wusste ich damals natürlich nicht. Ich war für Erwachsene „verfügbar", meine Gefühle zählten nicht – wobei ich meinen eigenen Empfindungen selbst schon sehr kritisch gegenüberstand. Scham durfte ich nicht zeigen – und wie habe ich mich dafür geschämt, doch Scham gezeigt zu haben –, schon dadurch gab es eine Privatheit nicht, eine Privatsphäre schon gar nicht, was aber auch der örtlichen Situation geschuldet war, in der ich lebte.

Ich sage es noch einmal: Mir kommt es nicht darauf an, wissenschaftliche Bewertungen der Vorgänge dieser Zeit vorzunehmen oder Fragen nachzugehen, warum sich beispielsweise die Moral zum Thema Pädophilie beziehungsweise Päderastie so scheinbar grundsätzlich geändert hat, warum heute über Missbrauch/sexualisierte Gewalt an Kindern und über Pädophilie/Päderastie anders gedacht wird als noch einige Jahre zuvor und wieder gänzlich anders noch einige Jahrzehnte davor. Hier möchte ich nun gar nicht mehr unbedingt verstehen. Ich erzähle, wie es mir als Kind begegnete, wie ich es als Kind und Jugendlicher wahrnahm.

Bei Erzählungen und Berichten zu dieser Thematik verschwimmen häufig die Grenzen zwischen den Begriffen „Kind" und „jugendlich". Dazu ist aus meiner Sicht festzustellen, dass es eine feste Grenze hier nicht gibt, und wenn sexualisierte Gewalt hinzukommt, dann schon gar nicht. Es ist ohnehin schwierig zu bestimmen: „Heute bist du dreizehn, also Kind, morgen bist du vierzehn, also jugendlich". Das gilt für missbrauchte Kinder noch sehr viel mehr. Das Kind, das mit neun, elf, dreizehn – oder gar früher noch – missbraucht wurde, sexualisierte Gewalt erfuhr, bleibt oft auch mit vierzehn oder fünfzehn – und länger – ein missbrauchtes Kind. Zumindest immer dann, wenn es wieder zu diesen Situationen kommt! Man wird nicht über Nacht der Opferrolle entwachsen, eher wahrscheinlich ist es, in dieser Opferrolle verhaftet zu bleiben, mitunter immer stärker verhaftet zu bleiben. Für das Kind, den Jugendlichen ist es oft fast unmöglich, diese Gewaltbeziehung zu verlassen. Auch weil es erst einmal erkennen können müsste, dass es eine solche gibt und eine solche ist. Es ist aber das Bestreben des Täters oder der Täterin, mit Taktiken und Sprache zu verschleiern und somit Hintergründe und Auswirkungen für das Opfer unsichtbar werden zu lassen. Das gesellschaftliche Umfeld damals half ihnen dabei.

Ich jedenfalls war noch Kind, zum „Nichts-Sager" erzogen, und längst gab es die tiefe innere Überzeugung, dass ich auch nichts zu sagen hatte. Ein Kind, das das verinnerlicht hat, empfindet sich zwangsläufig als fehl am Platz, unerwünscht und immer und überall als störend. Heute weiß ich, als Mensch, als Person, war ich es auch! Das Gefühl, zu stören, war auf so sehr vielen Ebenen aktiv.

„Entschuldigung" war wohl mein meist benutztes Wort.
Ich hatte immer das Gefühl, zu stören, zu viel zu sein, anderen
eine Belastung. Ich fühlte mich als Störung, und nur wenn ich
nicht gesehen, nicht beachtet wurde, war dieses Gefühl nicht
vorhanden. Ich war nicht vorgesehen, unsichtbar, als Mensch
unsichtbar, das war meine Rolle. Ich schämte mich für mich,
ertrug mein „Zu-viel-Sein" nicht. Die Konsequenzen aus diesem Umstand sind in ihrer vernichtenden Wirkung nur noch
sehr schlecht zu beschreiben. Die Verunsicherungen nahmen
überhaupt kein Ende mehr. Ich war falsch, keine Frage, und
während ich das schreibe, fällt mir auf, es fühlt sich richtig an!
Aber das hat dann wohl auch mit den vergangenen letzten
zehn Jahren zu tun, auf die ich noch zu sprechen komme. Jetzt
war ich aber noch Kind und im Zuge der allerorts revolutionären Veränderungen begann man dann eben auch darüber
zu diskutieren, ob Sex zwischen Kindern und Erwachsenen
dem Kind schade oder nicht. Schon die Diskussion schadet
dem Kind, denn es schwächt die Position des Kindes, während
es aber die des übergriffigen Erwachsenen tendenziell stärkt.
Und so war es dann auch über lange Zeit!

Ich sagte es bereits, hier näherten sich nun die „Außen-
Welt" und „die Welt, in der ich lebte" einander an. Die zwei
Welten näherten sich damit genau an einem Punkt an, bei
dem ich – das Kind – das Gefühl hatte, das wäre exakt etwas,
das es nicht geben sollte.

Die Befürworter der Pädosexualität hatten es in dieser
Umbruchzeit wirklich nicht schwer, ernst genommen zu wer-

den. Mit der generellen Ablehnung tradierter Normen und Vorstellungen wurden auch und gerade viele sexuelle Tabus erst in Frage gestellt und dann gekippt. So auch der Missbrauch, die sexualisierte Gewalt – allerdings sprach man hier natürlich nicht von Missbrauch oder gar Gewalt – an Kindern, und damit war das, was mir in „meiner Welt" widerfuhr, plötzlich scheinbar erstrebenswert in der „Außen-Welt". Wie soll das ein Kind auflösen? Mit Leichtigkeit sprach man vom Recht der Kinder auf sexuellen Kontakt mit Erwachsenen und sah sich hier auch gleich als Befreier einer überholten Sexualmoral und somit als Befreier der Kinder. So wurden die Päderasten zu Vorkämpfern für Kinderrechte, zu Anwälten der Kinder, zu den wahren Kinderfreunden. Ich glaube, aus dieser Zeit kommt auch der falsche Gebrauch des Wortes pädophil, das heute ja oft im Sinne von päderastisch benutzt wird.

Und ich? Ich wollte so sein wie die Großen! Frei, mutig, lässig, nicht verklemmt, anders. Cool eben! Nicht wie die Erwachsenen! Nein, wie die Großen. Aber mit den Großen hatte ich wenig zu tun. Ich hatte mit Gleichaltrigen oder Erwachsenen zu tun. Bei den Gleichaltrigen konnte ich frei, mutig, lässig, anders und cool sein, mich zumindest darin ausprobieren. Das gelang mir sicher mal besser mal schlechter, wie das eben so ist, wenn Kinder sich testen. Und die Erwachsenen, mit denen ich es zu tun hatte? Die, mit denen ich am meisten zu tun hatte, waren scheinbar genau das: frei, mutig, lässig, nicht verklemmt, anders, cool. Das war deutlich daran zu erkennen, wie sie mit den Menschen – und die Menschen mit ihnen – umgingen. Aber mir gelang es nicht, oder nicht mehr, sie so zu sehen oder sie so zu empfinden. Vielleicht hatte ich sie zu oft starr und fast verkrampft erlebt, überwältigt von irgendetwas, das sie dann irgendwann die Fassung verlieren ließ, um sich dann abrupt und scheinbar vollkommen unbeeindruckt abzuwenden, als hätte das gerade Geschehene gar nichts mit ihnen zu tun oder wäre nie gewesen. Das war nicht cool! Das war nicht unverklemmt! Das war nicht frei! Mutig und lässig war das schon gar nicht! Was blieb, war „anders". Anders war es! Anders als es sein sollte, anders als sie sich sonst und nach außen gaben, anders als ich wollte, anders als richtig, anders als schön, anders als …

Für mich als Kind war das alles sehr schwierig. Denn ich war ganz ohne Zweifel anders und ganz offenbar falsch! Und das galt dann für alles, alle Situationen, in denen meine Gefühle und Gedanken ein „Nein" hätten ausdrücken wollen.

Kapitel 4
Die Unmöglichkeit, ein Leben zu gestalten

Die Selbstständigkeit kam überraschend und überstürzt. In Heimkarrieren gibt es keine Adoleszenz. Das heißt, Ablösungsprozesse von der gewohnten Welt sind nicht vorhanden. Die, wenn auch schädliche, Rahmung des bisherigen Lebens fiel von heute auf morgen weg. Der Haltlose fiel ins Nichts.

Die Adoleszenz ist eine nicht unbedeutende Zeit der Entwicklung. In ihr werden das Selbstbild und die Fähigkeit zur Selbstreflexion gefestigt. Man lernt, sich in der Realität mit ihren vielfältigen und meist vielen unterschiedlichen gesellschaftlichen Strukturen zu bewegen. Ich hingegen war mit allem einfach nur überfordert. Sicher ist in dieser Zeit der Adoleszenz jeder Mensch in einem ganz besonderen Maß gefordert. Das ist wohl bei traumatisierten Menschen in dieser Entwicklungsphase noch sehr viel mehr der Fall. Sie sind oft überfordert. Rückblickend kann ich feststellen, dass nun die „wirklichen" Einschränkungen in meinem Leben begannen. Ich musste bestehen! Aber es fehlte das Haltgebende, das erlaubt hätte, Risiken einzugehen und anderes, Neues auszuprobieren. Ich musste nun eine gewisse Reife zeigen, auch und gerade, weil sie nun von mir erwartet, gar gefordert wurde. Aber das Einzige, was ich von mir wusste, die einzige, tief sitzende – vom vielen falschen Handeln an mir als Kind geschaffene – Erkenntnis, die ich über mich besaß, war, dass ich wertloser, schlechter, dümmer, schmutziger, unfähiger und abscheulicher war als so ziemlich alle anderen Menschen. Wenn kindliche Bedürfnisse so konsequent missachtet werden, gibt es für das Kind irgendwann nur diese Lösung. Die eigenen Bedürfnisse sind falsch. Damit kommt es zur umfassenden Selbstverleugnung. Nach außen hin konnte und durfte ich das, was ich glaubte zu sein, nicht zeigen. Dieses Sich-selbst-Verleugnen richtet sich dann aber auch sehr zerstörerisch nach innen.

Niemand durfte bemerken oder gar wissen, wer, was und wie ich bin. Sich andauernd selbst verleugnen und nur für sich selbst zu wissen, was man ist, nämlich unerträglich, wird dann auch genau das! Unerträglich. So kann das Leben nicht funktionieren. Und es funktionierte auch nicht!

Die deutlichen Spuren autoaggressiven Verhaltens manifestierten sich immer weiter, und um den ständigen Gedanken zu begegnen, etwas ganz Schreckliches zu sein, sowie der Angst vor Entdeckung und den Flashback-Bildern aus Kindheit und Jugend, floh ich weiter – und weiterhin – in den Rausch. Alkohol- und Drogenkonsum schienen – und waren damals – eine Lösung. Dieser Betäubungsmittelkonsum kann als eine direkte Folge meiner bedrückenden Kindheit und Jugend gesehen werden.

Was nun folgte, kann man als Beginn der „Folgefolgen" bezeichnen, das heißt, die Folgen und die Folgen dieser Folgen. Die Generationen der Folgen. Schon die zweite Generation der Folgen wird dann meist nicht mehr im Zusammenhang mit den an mir begangenen Taten in der Kindheit und Jugend gesehen. Meine, vielleicht nicht umfassend, aber an vielen Stellen dann eben doch, gescheiterte Existenz steht scheinbar nicht mehr in einem Zusammenhang mit den Tätern und Täterinnen. Das ist den Tätern hilfreich, aber auch den Institutionen (Staat, OEG/Versorgungsamt, Landerziehungsheim, Klosterschule, Kirche, Internate usw.), an die man sich möglicherweise im späteren Leben wegen eines eventuellen Nachteilsausgleiches und finanzieller „Entschädigung" oder anderer Hilfen zu wenden hat, kommt dies gelegen. Ich habe es so erlebt.

Diese „Folgefolgen" mehrten sich und zogen und ziehen sich letztlich durch jede einzelne Situation im Leben. Auf die Dauer hält man das nicht durch. Ich suchte mir Strategien, denn der größte Wunsch seit Kindestagen war es, dazuzugehören oder zumindest sich unauffällig in der „Normalität" zu bewegen und mitschwimmen zu können, in einer „Normalität", die ich bisher zu keinem Zeitpunkt hatte verstehen können. Erfolgreich und/oder glücklich – zumindest zufrieden – das eigene Leben zu gestalten, war und ist unerreichbare Utopie. Es geht ums Überleben! Nur darum und das möglichst unsichtbar! Die Strategie dazu war, sich zu betäuben, und das gelingt. Doch es kommt der Zeitpunkt, an dem diese Strategie nicht mehr kompatibel ist mit dem Wunsch nach Unauffälligkeit und Normalität. Wenn es noch möglich ist, oder einem noch möglich erscheint, dann wird man nun einen Strategiewechsel versuchen. Man muss eine neue Strategie finden!

Und diese Strategie ist häufig sehr klar und eindeutig, häufig zwangsläufig – der Rückzug. Es entsteht ein sehr umfassendes Vermeidungsverhalten in so gut wie allen Lebenslagen, und dort, wo sich etwas nicht vermeiden lässt, versucht man so gut wie möglich, von vornherein abzuwehren. Soziale (nun nüchterne) Interaktionen werden – aus einem Schutzverhalten und weil nie wirklich erlernt – auf ein unverzichtbares, basales Minimum reduziert. Es wird eine immer größere Herausforderung, mit Menschen in Beziehung zu treten. Das Schweigen wird mühelos! Der Grundstein dafür wurde in meiner Kindheit gelegt. Ich verfolgte diese zweite „Überlebensstrategie" dann fast zwei Jahrzehnte lang. Nicht existieren und keinesfalls bedürftig sein. Heute weiß ich, es gab und gibt viele Menschen mit ähnlichen Kindheits- und Jugendbiografien, die, mir in ihren Strategien sehr ähnlich, versuchten zu bestehen.

Kapitel 5
Da war es wieder!

Mit meiner Nachbarin und Vermieterin hatte ich ein Arrangement. Sie vermietete mir günstig die freie Wohnung in ihrem Haus, welche sie eigentlich nicht mehr vermieten wollte, dafür war ich „im Notfall" für sie da. Sie war zu dieser Zeit schon eine sehr alte, geistig aber agile Frau, sehr belesen und in vielen Dingen bewandert.

Sie war jedoch unter anderem auch sehr pedantisch und ließ sich ungern von etwas überzeugen. Sie war eine Frau voller Würde und es war ihr äußerst wichtig, immer gut informiert zu sein und über aktuelle Themen sprechen zu können, die sich jenseits von Gesundheit und Wetter befanden. So ergaben sich viele Gespräche mit ihr, wobei ich ganz froh war, wenn ich das Thema vorgeben konnte, weil ich mir dieser klugen Frau dann gegenüber etwas sicherer wähnte. Meistens aber sprachen wir über Themen, die sie vorgab. So hatten wir ein nachbarschaftliches, ein geschäftliches und ein privates Verhältnis. Sie wusste vieles aus meinem Leben, ich kannte viele ihrer Lebensgeschichten. „Notfälle" gab es nur einen, danach ging sie ins Altenheim, wo sie nach nicht allzu langer Zeit verstarb, das Haus verkauft wurde, und ich mir eine neue Wohnung suchen musste.

Als wir noch zusammen in ihrem Haus wohnten, kam sie, wie so oft, mit ein paar älteren Zeitschriften, die sie bereits gelesen hatte, die Treppe von ihrer Wohnung herunter. Wenn ihr etwas wichtig, interessant oder speziell für mich lesenswert erschien, was meistens der Fall war, dann drückte sie mir die entsprechende Lektüre in die Hand und meinte, das könne ich mal lesen. In diesem Fall aber sagte sie – und sie versuchte immer sehr hochdeutsch zu sprechen: „Sie waret doch au' auf dem Internat, da gibts 'nen interessante' Artikel", und drückte mir die Zeitschrift in die Hand.

Ich weiß nicht mehr genau, wann das war, ganz aktuell war der Artikel nicht mehr, als ich ihn las. Da war sie wieder, die Vergangenheit. Sehr unvermittelt und viel zu klar.

Der Mann, der scheinbar immer nur Gutes tat, mir aber nie gut schien. Der tolle Lehrer, den ich aber seit Kindheitstagen als ein ekeliges Schwein empfand. Auch andere, über die ich als Kind schon gelernt hatte, dass sie wunderbare und großartige Menschen wären, ich sie aber immer nur abscheulich fand, drängten sich in mein Gedächtnis. Es waren nun fast 25 Jahre vergangen, in denen ich diesen Konflikten meiner Kindheit aus dem Weg gegangen war, indem ich sie verdrängte und von mir wegschob. Das ging natürlich nicht immer, aber man erlangt dann letztlich doch eine ziemliche Routine darin, aufkommende Gedanken und Erinnerungen mit ablenkenden, sich selbst täuschenden und verwerfenden Gegengedanken „wegzuwischen". Ja, ich war oft am Gedanken-Wegwischen. Das einfachste Mittel ist dabei ein wirklich gut eingeübtes: die Gleichgültigkeit. Bevor ich sie bei mir bemerkte, fiel sie mir Jahre zuvor schon einmal bei einer Freundin von mir auf, die Ähnliches erlebt hatte, ohne dass ich erkannte, dass ich mich ganz ähnlich verhielt. Wie sie habe ich mir oft selbst geholfen, die unwillkommenen und unwillkürlich aufkommenden Gedanken und Bilder zu vertreiben, indem ich mir sagte: „Ach, ist doch jetzt auch egal", sodass ich gar nicht mehr darüber nachdenken musste, ob das nun wirklich egal war oder was da anscheinend egal zu sein schien. Mit „Ach, ist doch jetzt auch egal" konnte ich mich – weil so lange und gut geübt – solchen Kindheitserinnerungen entziehen.

Die Überschrift des Artikels bezog sich auf ein Zitat, das dieser Mann immer gesagt haben soll. Jetzt schon, nach wenigen Sekunden, hatte ich den etwas schiefgelegten Kopf und das dadurch immer etwas verschämt unsicher wirkende, aber durch die Jacketkronen jederzeit strahlende Lächeln meines damaligen Schulleiters vor Augen. Ganz deutlich. Ich hielt das Blatt in der Hand und sah Bilder aus der Vergangenheit. Da half kein „Ach, ist doch jetzt auch egal". Die Neugier, etwas Neues über die eigene erlebte Vergangenheit zu erfahren, war geweckt, wenn auch sofort verbunden mit einem „mulmigen", ja ängstlichen Gefühl. „Ach, ist doch jetzt auch egal", hätte vielleicht noch funktioniert, wenn ich die Zeitschrift ungelesen zum Altpapier geschmissen hätte. Aber es ging doch um mein Leben! Und wenn ich noch so oft – gerade wegen Menschen wie diesem Lehrer – das Gefühl hatte, dass mein Leben genau dort hingehört – zum Altpapier – so war es mir doch nicht möglich, diese Zeitung nun ungelesen genau dorthin zu bringen.

In dem Artikel war auch ein Bild des Hauptgebäudes der Schule aus damaliger Zeit abgebildet. Es sog mich auf in eine längst vergangene und immer noch stark negativ wirkende Vergangenheit. Die Redewendung, dieses Zitat des Mannes, auf den sich die Überschrift des Artikels bezog, war mir nicht mehr in Erinnerung, und dass er es immer verwendet haben soll, auch nicht, aber natürlich und ohne jede Frage, das war sein Duktus. Mir fiel sofort zumindest eine andere Redewendung ein, die er mir gegenüber oft verwendet und auch in Zeugnissen und Berichten über mich geschrieben hatte: „Die Flinte ins Korn werfen." Milde lächelnd, mit geneigtem Kopf, hatte ich ihn und seine Weisheit nun Jahrzehnte später wieder vor Augen und im Ohr: „Wirf nicht immer gleich die Flinte ins Korn" und „Max wirft leider die Flinte zu schnell ins Korn".

Übrigens, Ja! Das ergibt Sinn! Wem die „Fight-Flight-Freeze-Submit-Theorie" zu seelischen Traumata ein Begriff ist, der erkennt, ich hatte mich der Situation bereits zwangsläufig ergeben müssen und folgerichtig resigniert. Ich bewegte mich nunmehr nur noch zwischen einem Freezing-Zustand – also dem ohnmächtigen Erstarren – und einem Submit-Zustand – also einer ähnlich ohnmächtigen Anpassung an das traumatische Geschehen – und war somit dieser traumatischen Ohnmacht vollständig ausgeliefert. Ich war an das Nicht-Vorhandensein maximal angepasst und verschmolz mit meinen Lebensumständen.

Und mit dieser Redewendung hatte es dieser Täter tatsächlich immer wieder in Zeugnissen, Berichten und Beurteilungen über mich auf den Punkt gebracht. Niemand aber fragte, warum ich im Alter von circa zehn Jahren schon bei „Freeze" beziehungsweise bei „Submit" angekommen war.

Als ich mich endlich dem Artikel wirklich zuwenden konnte, waren schon die ersten Sätze voll von dem, was doch eigentlich seit Jahren „jetzt auch egal" war. Aber nun war es das nicht mehr und würde es auch nicht mehr werden. Das wusste ich damals noch nicht.

Der Artikel führte mir meine eigene, mir selbst noch gar nicht ins Bewusstsein getretene Zerrissenheit vor Augen. Und während ich das erzähle, denke ich, dass es vielleicht besser ist, zu sagen: Die aus dem Bewusstsein „weggewischte" Erinnerung wurde mir durch den Artikel vor Augen geführt. Ich hatte für mich nie eine klärende Position zu meinen Kindheitserlebnissen gefunden, finden können. „War ja jetzt auch egal!" Aber hier stand es nun. Schwarz auf weiß! Selbst der Nachbar, die Nachbarin konnte es lesen. Kein – wenn auch offenes – Geheimnis mehr. Unfassbar!

Von sexuellem Missbrauch und Begrapschen war die Rede, von Opfern, die krank und therapiebedürftig wurden durch diese Taten, von Alkohol und Drogenkonsum als Folge, sogar von sexuellen Attacken und Vergewaltigung las ich. Ich kannte das, was da stand. Es war die Wahrheit! Ich kannte sie! Aber konnte man das so offen sagen? Durfte man das? Es gab doch auch noch das andere, das „Gute", und auch das konnte ich hier lesen.

Nämlich das, was ich als Kind auch wahrnahm. Von der uneingeschränkten Verehrung, die man diesem charismatischen Mann entgegenbrachte, von einer Schule, die von der UNESCO „geadelt" war, von freier Gemeinschaft und Familie (die ich nie hatte und unter der ich mir nur Bestes vorstellen konnte), von einem unbefangenen Miteinander, von Reformpädagogen, die so gut schienen, und von der Idylle des Ortes, die ich plötzlich auch vor meinem inneren Auge hatte.

Als Kind war das alles mit meinem Erleben nicht zusammenzubringen, danach war es lange Zeit „auch egal". Es musste egal sein, denn es gab keine Lösung. Wenn man als Kind das Handeln der Menschen und die Reaktionen des Umfeldes so erlebt hat wie ich, dann überwiegt immer die Vermutung, dass alles, was mit diesen Menschen erlebt wurde, gut und richtig sein muss. Zumindest richtig! Nein, es musste auch gut sein! Ich war es, der es seit Kindertagen nicht so sehen und fühlen konnte, weil etwas an mir falsch war. Etwas, das mich scheinbar nicht verstehen ließ, was „gut" ist.

Dass dieser Mann schwul war und dass jeder es wusste, las ich dort, und es war für mich natürlich nichts Neues, aber man machte hier nun einen Unterschied, der mir bis zu diesem Zeitpunkt – ich war nun Ende vierzig – noch gar nicht bewusst war. Nicht nur schwul sei er, sondern auch, oder vor allem, pädophil. Wobei ich heute weiß, dass er nicht nur pädophil war, sondern er war ein Päderast.

Zwei ehemalige Schüler hatten sich in diesem Artikel zu Wort gemeldet. Schon während des Lesens schoss mir die

Zahl 100 als eine auf diesen Mann bezogene Opferzahl durch den Kopf. Und im selben Moment sagte ich laut zu mir: „Nein, jetzt übertreib bloß nicht!" Ja, genau das sagte ich laut zu mir, allein in meiner Wohnung sitzend und zwischen den Zeilen in die Vergangenheit stürzend. Dabei war ich mir der Richtigkeit meines Gedankens ganz sicher! Es war so tief verwurzelt, dass man das eigentlich nicht sagen darf. (Heute sind allein für diesen Mann 87 Opfer belegt. Hellziffer! Und ich kenne von ihm betroffene Menschen, die sich nicht gemeldet haben.)

„Mit diesen Schülern muss ich mich unbedingt in Verbindung setzen", gehörte auch zu den ersten Gedanken, die ich hatte. „Irgendwie heimlich, ohne mich erkennen geben zu müssen", ergänzte ich diesen Gedanken sofort. Und aus heutiger Sicht ist mir klar, genau daran scheiterte es 1999 dann auch mit der angedachten Kontaktaufnahme. Meine Bemühungen waren halbherzig, einer Zeitung schreiben wollte ich schon gar nicht. Erstens waren sie immer auf der Seite dieser Menschen gewesen und zweitens bekam ich schon bei dem Gedanken, das zu tun, das Gefühl, mich nackt auf eine Bühne stellen zu müssen. Ja, ich hatte wieder oder immer noch Angst. Alte Ängste verbanden sich mit neuen Ängsten. Es waren einige wirklich sehr aufwühlende Stunden, in denen ich umherlief und mir Gedanken machte, was alles gewesen war, was das Lüften dieses Geheimnisses, das auch und ganz speziell mein Geheimnis war, nun für mich bedeuten könnte und würde. Doch noch kam ich zu keinem Ergebnis.

Ein weiterer Gedanke war: „Jetzt haben sie ihn! Da kommt er nicht mehr raus! Das war es! Hier steht es nun, für alle Welt sichtbar." Ich versuchte, mir die Gesichter der Täter vorzustellen, besonders das dieses Lehrers. Es gelang mir aber nur, entweder das milde, verständnisvolle, lächelnde Gesicht zu sehen, oder die starren, kalten Augen in einem total angespannt verzerrten Gesicht. Welchen Gesichtsausdruck mag er wohl gehabt haben, als ihm bewusst wurde, dass man ihn – scheinbar endgültig – (ich glaubte eigentlich immer noch nicht so recht daran) entlarvt hatte. Mir das vorzustellen gelang nicht. Das eines anderen wunderbaren Menschen, großartigen Erziehers und gleichzeitig Täters war mir hingegen sehr gut vorstellbar. Er war ja damals schon oft empört, erbost oder beleidigt und so war sicher auch sein Gesichtsausdruck nach dem Lesen dieses Artikels.

Ich meine, es wären drei, maximal vier Stunden Ausnahmezustand gewesen. Dann kam mir sehr plötzlich die Erkenntnis: Nichts würde passieren. Gar nichts! Er würde sich weiterhin durchschlängeln und der Gute sein. Und mit ihm all die anderen. Vielleicht hatte ich diesen Gedanken auch, um mich aus diesem Gefühl der Aufgewühltheit zu befreien, aber es war auch eine ganz, ganz tiefe Überzeugung, die aus meinen Erfahrungen entsprang.

Und genau so kam es! Vielleicht, weil die wichtigen Zeitungen, warum auch immer, tatsächlich immer noch auf der Seite dieser Menschen standen. Das hatte eine fatale Wirkung für die nächsten zehn Jahre. Aufgefrischt und bestätigt! Bestätigung dafür, dass alles, was mit diesen Menschen erlebt wurde, scheinbar gut und richtig war, zumindest jedoch nicht gar so schlimm, sonst hätte doch spätestens jetzt etwas passieren müssen! Da der Artikel aber wenigstens schon einige Tage, vielleicht sogar Wochen, alt war, und mir anderweitig nichts zu Ohren gekommen war, empfand ich jetzt schon genau diese Bestätigung. Nichts würde passieren! Gar nichts.

Für mich selbst aber war nun schon sehr viel deutlicher, es gab Dinge, die man so nicht hätte tun dürfen. Zumindest gab es Menschen, die das so sahen und jetzt auch aussprachen. Das erste Mal in meinem Leben schien es offen – ja, sogar öffentlich – ausgesprochen worden zu sein.

Über einige Monate hinweg dachte ich immer wieder mal: „Gott sei Dank habe ich mein schmuddeliges Geheimnis für mich behalten", denn sonst wäre es nun zwar bekannt, jedoch ohne jede Konsequenz für den/die Täter (Täterin) sowie ohne Konsequenzen für meine eigene gegenwärtige Situation. Meine mich dauerhaft quälende Verunsicherung darüber, ob „man das mit mir als Kind tun, oder eben nicht tun durfte", war wieder sehr belastend in meine Gegenwart gerückt und somit auch die Zerrissenheit, die ich so lange mit „Ist doch jetzt auch egal" gelernt hatte „wegzuwischen". Und um die Bedeutung dieses fragenden Gedankens, „ob man das mit mir als Kind tun oder es nicht tun durfte", in seiner Tragweite sichtbar werden zu lassen, sei gesagt, es bleibt im Grunde genommen ein Leben lang bei dieser Frage: „Durfte man das mit mir machen?" Damit ist die Frage – die gar keine sein darf – immer im jeweiligen Hier und Jetzt. „Darf man das mit mir machen?“ Solange man das nicht eindeutig und für sich selbst glaubhaft mit einem -NEIN- klären kann, untergräbt diese Frage immer und immer wieder sehr bedrohlich das ohnehin seit jeher bröckelige Fundament, auf dem das ganze Selbstbild steht.

Und aus dieser Zerrissenheit heraus entstanden (und entstehen immer wieder) die Selbstzweifel, der Selbsthass, das fehlende Vertrauen in sich selbst, die Scham über das „Damals“ und das „Jetzt wieder“, über das „Vielleicht selbst Schuld“ oder doch zumindest über das „Mitschuldig“, über das „Nicht-Nein-Gesagt“ und über das „Vielleicht-doch-Mitgemacht“ Das alles wollte ich nicht wieder so nahe in mein Leben holen, und doch war es mir mit diesem Artikel wieder sehr nahe. Noch näher wäre es mir nur gekommen, wenn ich mich selbst geäußert hätte. Das hatte ich Gott sei Dank nicht getan. Das Schweigen hilft dort, wo offenbar ist oder wird, dass Reden nicht zu Verständnis führt, zu einem Verständnis, das in Konsequenzen mündet, die dieses Verständnis dann glaubhaft werden lassen.

Ich jedenfalls konnte das Thema dann noch weitere zehn Jahre „wegschieben“, wobei es vielleicht eher ein Vor-mir-Herschieben war.

Bis ins Jahr 2010 ...

Kapitel 6
Aufarbeitungsforschung

Die sexuelle Revolution ist nun schon lange Geschichte und der nackte Körper längst kein Tabu mehr. Diese gesellschaftliche Veränderung hat allerdings nicht nur Aufklärung, sondern neben Freiheit sicher auch Spaß gebracht. Sie erzeugte auch zahlreiche Opfer und Verlierer.

Die Revolution 2010 (1999 noch erfolglos) bestand darin, dass die Überlebenden von einst das Tabu brachen und über die Verbrechen berichteten, die an ihnen begangen wurden. Nachdem so viele von sexualisierter Gewalt in der Kindheit betroffene Menschen jahrelang geschwiegen hatten, keiner sie hören wollte, geschweige denn ihnen glauben, gab es jetzt plötzlich eine Öffentlichkeit und eine für betroffene Menschen kaum fassbare Empörung der nun Zuhörenden. Aber dann trafen sie in einer öffentlich forschenden Aufarbeitung auf Menschen, die nur sehr bedingt bereit waren sich einzulassen. Auf die Menschen einzulassen und nicht nur auf das Thema! Auf die Menschen einlassen war die Ausnahme und nicht Teil des Plans. Das macht zwar aus wissenschaftlicher Sicht Sinn, aber ein Mehr-auf-die-Menschen-Einlassen wäre wichtig gewesen, es hätte aber dafür mehr – und etwas Beständigeres – benötigt. Das kann und wird dann meist auch zeitgebunden gewesen sein. Das aber, was häufig direkt nach dem Sprechen entstand, hat als eine adäquate Reaktion oft nicht gereicht. Wenn sich öffentliche Aufarbeitung betroffener Menschen bedient, dann muss man sich auch auf diese einlassen und das über den Moment hinaus! Hier muss ich meine eigenen Erfahrungen mit den Wissenschaftlern ausnehmen, diese Erfahrungen waren menschlich gut, ich bin aber auch ein Glückskind.

Aber ja, es war tatsächlich so. Plötzlich fanden sich Zuhörer, und sie zu erwähnen ist unverzichtbar, denn in den Jahren zuvor gab es sie nicht. Betroffene hingegen sprachen schon immer. In Therapien, mit Partnern und Partnerinnen, manchmal mit ihren eigenen Kindern, eventuell in Selbsthilfegruppen und vielleicht auch „nur" betrunken an irgendeinem Tresen. Ihnen fehlte aber lange Zeit diese interessierte und zu Taten schreitende Öffentlichkeit. Diese gab es nun scheinbar. Dann aber brachte auch diese „Revolution" der jetzt „öffentlichen Sprache" Opfer und Verlierer hervor. Letztlich lag die Krux unter anderem auch im vielschichtigen und ungeklärten Begriff der Aufarbeitung.

In dieser kämpften alle für bessere Rahmenbedingungen, um helfen zu können. Alle versuchten sich für die Verbesserung der Situationen einzusetzen, in denen sich viele Betroffene – durch die an ihnen in der Kindheit begangenen Taten – befanden, viele sprachen sich für eine bessere therapeutische Versorgung aus. Es wurden Studien erarbeitet, Präventionskonzepte entwickelt, Forderungen an die Politik gestellt und anderes mehr. Rundum, es wurde versucht, zahlreiche Dinge opferorientiert zu be- und erarbeiten. Natürlich wurden dadurch auch Erwartungen geweckt. Gehört werden, dazugehören. Die Sprechenden dachten an Hilfen, auch für sich persönlich. Ihr Sprechen über das vergangene Leid war für viele dieser betroffenen Menschen mehr als „nur" als Grundlage einer besseren Zukunft für kommende Generationen von Betroffenen zu dienen. Viele dachten, ja, hofften, dass das Berichten über das erfahrene Unrecht auch bedeutet, dass ihnen Gerechtigkeit, ein gewisser rechtlicher Ausgleich, eine rechtliche Anerkennung ihres Leids zugesprochen wird. Es hätte eine rückwirkende Gerechtigkeit geben müssen. Das alles hätte als Antwort vom Staat und der Gesellschaft kommen müssen, denn nun ist „öffentlich" bekannt, was an Verbrechen geschehen war. Aber es kam nichts!

Doch erst einmal reagierte der Staat tatsächlich. Anfang 2010 berief die Bundesregierung die erste „Unabhängige Beauftragte zur Aufarbeitung des sexuellen Kindesmissbrauchs" (UBSKM). Mitte 2016 wurde von dem Nachfolger dieser ersten „Unabhängigen Beauftragten" (auf Grundlage eines Beschlusses des Deutschen Bundestags) die „Unabhängige Kommission zur Aufarbeitung sexuellen Kindesmissbrauchs" (UKASK) eingerichtet. Das war eigentlich nicht schlecht, es war wohl das Beste – aber leider auch so ziemlich das Einzige – was „der Staat" getan hat. Jetzt lag es in der Hand dieser „Aufarbeitungsbestellten", etwas zu tun. Bloß was? Um es ganz deutlich zu sagen, UBSKM und UKASK hatten und haben nur in sehr geringem Maße bzw. nicht die Aufgabe, etwas für diejenigen zu tun, die in der Vergangenheit und dort als Kinder, Jugendliche und/oder Schutzbefohlene Opfer von sexualisierter Gewalt wurden. Hier verhält es sich also ganz anders als bei einer anderen Opfergruppe, zu der es allerdings große Schnittmengen gibt, und zwar den ehemaligen Heimkindern. Diese hatten es geschafft, eine Petition an den Deutschen Bundestag zu richten. Und hier war noch ganz eindeutig davon die Rede, Opfern von Unrecht und Misshandlungen in der Heimerziehung wirksam helfen zu wollen. Sie sollten Unterstützungen und angemessene Entschädigungen erhalten. Dieser „Heimkinder-Initiative" (runder Tisch Heimerziehung, RTH) ist es unter anderem auch mit zu verdanken, dass es jetzt die Institution des unabhängigen Beauftragten überhaupt gibt. Diese Institution kümmert sich heute vor allem um die Aufarbeitung des sexuellen Kindesmissbrauchs in Deutschland. Wie erwähnt, hat die Institution UBSKM nur in einem Unterpunkt seiner Aufgabenbeschreibung einen Hinweis auf Hilfe für betroffene Menschen (dort heißt es: „...Wahrnehmung der Belange von Menschen, die in ihrer Kindheit oder Jugend sexualisierte Gewalt erlitten haben, ..."). Diese – etwas schwammig und zwischendurch auch mal anders formulierte – Aufgabe nimmt er meines Erachtens und in Bezug auf bereits in der Vergangenheit betroffene Menschen in keinster Weise wahr. Und damit sind diese betroffenen Menschen eben kein Teil eines „runden Tisches" im Sinne von gesellschaftlicher Teilhabe! Die Institution UBSKM treibt zum ganz überwiegenden Teil die Prävention voran, was gut und wichtig ist, aber die, welche ab 2010 begannen, über ihre in der ferneren Vergangenheit traumatisierenden Kindheitserlebnisse zu berichten, lässt die „Institution UBSKM" außer Acht.

Das heißt, betroffene Menschen machen sich auf und erzählen aus ihrer Vergangenheit und die Erkenntnisse werden dann zu einem ganz überwiegenden Teil für die Zukunft genutzt. Die Berichtenden fühlen sich so sehr schnell nur noch als Informationslieferanten. Und schon wieder passiert, was diesen Menschen doch unbedingt nicht passieren darf! Sie glauben zu erkennen, ja sie fühlen es ganz deutlich, das Interesse galt nicht der eigenen Person, es galt einem Umstand, einem Fakt, von dem man nun die Umstände der Entstehung wissen wollte, und warum es dann lange Zeit so in unserer Gesellschaft geschehen konnte. Das ist sicher wichtig, vernachlässigt aber das einzelne Individuum. Und daraus ergibt sich die Bestätigung der Richtigkeit von Kindheitsgefühlen. Das Interesse an der eigenen Person ist nur „vorgeschoben", es gilt ausschließlich einer Sache. In Wirklichkeit interessiert hier also nur das Wissen, nicht der Bote. Es gelingt vielen betroffenen Menschen, die aus ihrer lang vergangenen Kindheit berichteten, dann nicht immer gleich und vor allem nicht immer umfassend zu reflektieren, dass dadurch seelische Verletzungen aus der Kindheit in ihren je-

---

* So stand auf der Hompage des UBSKM u. a. zeitweise auch folgende Aufgabenbeschreibung: „... Verbesserung (...) der Hilfen für betroffene Menschen"

weilig gegenwärtigen Situationen belastend aufbrechen und sich Wut und Verzweiflung auf Falsche und Falsches richten.

Die Aufgaben der Institution UKASK liegen darin, Ausmaß, Art und Folgen von Kindesmissbrauch zu untersuchen. Etwas helfend oder unterstützend für Betroffene zu tun, ist, wie gesagt, ganz deutlich nicht ihre primäre Aufgabe. Sie ist aber diejenige, die durch die Anhörungen betroffenen Menschen sexualisierter Gewalt in der Kindheit die Möglichkeit eröffnet, in dieser öffentlichen Aufarbeitung Gehör zu finden und Wertschätzung zu erfahren. Das ist wirklich wichtig und gut, nur darf es damit nicht enden. Die Institution UKASK bietet also Anhörungen an, forscht zum Thema sexualisierte Gewalt in unserer Gesellschaft und das unter ganz unterschiedlichen Perspektiven. Erkenntnisse verwendet diese dann, um zu empfehlen, zu beraten, zu kommentieren und Missstände zu monieren. Sie öffnet somit für betroffene Menschen sexualisierter Gewalt in der Kindheit, wenn auch nur kurz, einen Vertrauensraum, in dem sie öffentlich, und eben doch geschützt, berichten können.

Nach dem Sprechen über die häufig existenzbedrohenden Erlebnisse in der oftmals jahrzehntelang zurückliegenden Kindheit muss es aber für die Sprechenden neben diesem Gehörfinden spürbare Veränderungen im eigenen Leben, in der eigenen Lebenssituation, geben. Das haben nur wenige Betroffene so erlebt beziehungsweise viele haben das so nicht erlebt! Der Staat und somit die Öffentlichkeit blieb weitestgehend stumm und alle wichtigen Antworten schuldig. Dieser Fehlentwicklung gilt es nachzugehen.

Für eine Forschung, wie es diese „Aufarbeitung" darstellt, hätte es gereicht, das gegenwärtige Missbrauchsgeschehen in unserem Land, die vielfältigen Missbrauchsskandale, die es derzeit gibt, sowie die heute herrschenden Vernetzungen und die Ermöglichungsstrukturen für diese Verbrechen zur wissenschaftlichen Aufarbeitung zu nutzen, um daraus folgend Präventionsmaßnahmen erarbeiten zu können. Auch der erhobene Zeigefinger und die gut gemeinten, aber in den Wind geschriebenen Handlungsempfehlungen dieser Unabhängigen- Aufarbeitungs-Kommission an die Politik, als Ergebnis der Forschungen, hätte das Sprechen der Opfer von vor mehreren Jahrzehnten Vergangenheit als Grundlage für ein allgemeines Verständnis von Missbrauch/sexualisierter Gewalt – als auch ihnen nachhaltig Hilfe zur (eigenen) Aufarbeitung zu bieten – nicht unbedingt gebraucht. Somit erscheint diese „Aufarbeitung" vielen Betroffenen eben nur noch wie eine bloße Datenerhebung. Das aber führt nicht zum Verstehen eines konkreten Menschen und seines individuellen Schicksals. Man will und wollte also ein Phänomen verstehen, nicht die Menschen mit ihrem Schicksal. Das so zu tun ist legitim, aber meines Erachtens in Bezug auf die Sprechenden, die aus der länger zurückliegenden Vergangenheit berichteten, falsch! Denn jeder betroffene Mensch, der aus seiner fernen Kindheit und Jugendzeit über die dort an ihm begangenen Verbrechen berichtete, hatte zu irgendeinem Zeitpunkt das sehr bestimmte Gefühl: „Jetzt spreche ich und dann hilft auch jemand! Endlich." Das ist aber mitnichten so!

Denn helfen oder unterstützend zur Seite stehen konnte man diesen Opfern bei ihrer individuellen Aufarbeitung und eventuell auch bei einer Verbesserung der jeweils eigenen Lebenssituation gar nicht. Nichts, aber auch gar nichts war darauf ausgelegt. Es war und ist scheinbar wichtiger, diese Opfer sichtbar zu machen, als ihnen nachhaltig Hilfe anzubieten, Hilfe zu ermöglichen oder Menschen mit den richtigen Machtbefugnissen auszustatten, um möglichst zügig Veränderungen herbeiführen zu können, die den – sich sprechend geöffneten – betroffenen Menschen hilfreich sein können. Wenn man aber das eine tut (Opfer sichtbar machen), dann muss das andere zwangsläufig folgen! Das ist vor allem in Bezug auf Mitwirkung am öffentlichen Aufarbeitungsprozess für betroffene Menschen oft außerordentlich wichtig. Denn nur wenn durch adäquate Unterstützungen und/oder Therapien – spätestens nach dem Sprechen – gewährleistet ist, dass sie stabil sind, werden oder bleiben, können oder trauen sich viele dieser Menschen, im öffentlichen Aufarbeitungsprozess mitzuwirken, mitzuhelfen und zu unterstützen, eventuell Eigenes einbringen. Und sie trauen sich oft auch nur dann, Augenhöhe einzufordern. Wenn keine Stabilität aufgrund systembedingter Defizite möglich ist, kämpfen sie meist weiter mit den Folgen des erlebten Missbrauchs und dann auch noch mit den Folgen „des Sprechens". Das erschwert nicht nur die jeweilige persönliche Situation, es erschwert eben auch die Partizipation und Mitbestimmung der betroffenen Menschen in der öffentlichen Aufarbeitung, selbst dort, wo sie gewollt ist.

Sehr pointiert zusammengefasst könnte man sagen, das Konzept lautete: „Sprechen hilft, mach' was draus!" Wem, wobei, wofür, blieb weitgehend offen. Ein „Danach" wurde nicht bedacht. Es wird jetzt offenkundig, der Staat hat hier zwar reagiert, dies aber wenig im Sinne der betroffenen Menschen. Er hat im Grunde genommen versagt, und das wohl nicht einmal ungewollt. Zwar setzte er engagierte und bemühte Menschen ein, die aber für die jeweils individuelle Aufarbeitung und Verbesserung der jeweils eigenen Lebenssituation der betroffenen Menschen rat- und hilflos bleiben mussten. Dass dies ein Ziel war, wurde zwar so nie behauptet, doch wurde im Prozess der Aufarbeitung relativ schnell deutlich, dass man diese Aspekte stärker hätte berücksichtigen müssen. So hatten die Opfer jetzt zwar eine Stimme, sie sprachen, aber dann wiederum wurde ihr Sprechen verwendet, ohne jedoch, dass die Erkenntnis über die Brisanz ihres Leids auch zu Folgen geführt hätte. Es wurde gleichsam entschärft! Das ist für viele Betroffene eine bittere Erkenntnis. Nicht nur, dass sie selbst keine Hilfe und Unterstützung erwarten werden können. Sie sind – dadurch, dass das Thema von handlungseingeschränkten Protagonisten besetzt wird – nicht mehr oder in sehr viel geringerem Maße in der Lage, auf ihre oft prekären (Lebens-)Situationen und ihre Interessen aufmerksam zu machen. Denn sie haben ja schon Helfer zur

Seite gestellt bekommen, sind scheinbar versorgt. Aber die Bemühungen derer, die sich im Dienste ihres Tuns auch aufopfern, zielen auf andere Fragestellungen ab. Und so entsteht durch das Sprechen häufig ein erneutes Schweigen, denn für manchen betroffenen Menschen wird es so erlebt werden, als habe die Politik mit „Jetzt tun wir etwas" nur erneut ein Feigenblatt über ihr Leid gebreitet.

Es stellt sich noch eine andere Frage, die über der öffentlichen Aufarbeitungsforschung schwebt und betroffene Menschen oft sehr zu schaffen macht: Wie geht man mit Forschungsergebnissen um, die aus datenschutzrechtlichen Gründen nicht veröffentlicht werden können? Es sind Ergebnisse einer Forschung, auf die betroffene Menschen gedrängt haben. Sie wollten Klarheit! Neben dem Wunsch, Veränderungen und Hilfen für den Alltag zu erfahren (und Gerechtigkeit), war das ein ganz wesentlicher Grund, über die eigene Vergangenheit zu berichten. Über Ausmaß, Netzwerke, Täter und Täterinnen, ihre Unterstützer und Unterstützerinnen, über begünstigende Strukturen und das schützende Umfeld wollten sie Klarheit haben. Die, welche beauftragt wurden, kennen die Forschungsergebnisse jetzt und sie können sich hierzu nun (zumindest in den erforschten Teilbereichen) ein umfassenderes – eventuell abwägendes – Bild machen. Diejenigen, welche ein großes, auch persönliches, Interesse an diesen Ergebnissen haben, – was im Übrigen nicht nur die betroffenen Menschen selbst sind, sondern das Interesse der gesamten Gesellschaft sein müsste – werden vieles wegen des

Datenschutzes nie erfahren. Das fühlt sich unter Umständen für den einen oder anderen betroffenen Menschen an wie: „Wir kennen jetzt die Täter und Täterinnen, die dir das in der Kindheit antaten, wir kennen jetzt die Ermöglichkeitsstrukturen, wir kennen jetzt das Umfeld und umfassende Zusammenhänge, sagen können wir dir aber nichts." Hier hat die wissenschaftliche Aufarbeitung exakt das gleiche Problem, das betroffene Menschen sexualisierter Gewalt in der Kindheit – wie im Übrigen vielen Opfern sexualisierter Gewalt – meist schon sehr lange außerordentlich bekannt ist. Beide, die Wissenschaft und die betroffenen Menschen, müssen belegen können. Denen, welche diese Art der Gewalt in der Kindheit erlebten, fehlt es häufig an „Belegen" beziehungsweise Beweisen. Sie können ihr Erleben schildern, oft können sie aber keine Gerechtigkeit erfahren, im Gegenteil, sie müssen aufgrund der fehlenden Beweise sogar Angst vor Repressionen haben, wenn sie berichten.

Die wissenschaftliche Aufarbeitung generiert nun durch ihre Forschungsarbeit Wissen, das natürlich mit (Täter-)Namen, (Täter-)Personen, (Täter-)Institutionen und (Tat-)Orten verbunden ist. Aber selbst wenn logische Schlussfolgerungen die Richtigkeit der Ergebnisse dieser Forschung belegen würden, reicht das scheinbar oft nicht aus. Die wissenschaftlichen Aufarbeitenden ziehen zurück und veröffentlichen ihre Erkenntnisse nicht. Oder sie entscheiden, was sie in welcher Form preisgeben wollen beziehungsweise preisgeben können oder glauben preisgeben zu können. Die, welche den Betroffenen zur Seite stehen wollten, sitzen nun also mit den betroffenen Menschen im gleichen Boot und rudern mit ihnen im Kreis. Und genau das passiert! Und noch mehr. Täterkreisaffine Personen üben diesbezüglich derartigen Druck aus, dass die Aufarbeitung der sexualisierten Gewalt an Kindern in unserer Gesellschaft langsam an Schärfe verliert und auf Täter und Tatgeschehen nicht mehr nachteilig wirken kann. Oft kommen diese Personen, die sich nun derart destruktiv verhalten, selbst aus der Wissenschaft, und ihre Motivation, nun so zu agieren, liegt unter anderem darin, dass sie sich oft nicht eingestehen wollen, jahrelang auf das „falsche Pferd" gesetzt zu haben, oder sie wollen Menschen aus ihrem eigenen biografischen und/oder ideologischen Umfeld schützen, oder aber sie können es nicht ertragen, dass es außerhalb ihrer wissenschaftlichen Belegbarkeit Wahrheiten gibt, weil sie dann Deutungshoheiten und Kontrolle abgeben müssten. Oft greifen mehrere dieser Motivationen gleichzeitig. An diesen Personen ist jedoch eines sehr gut erkennbar. Sie gehen an die Thematik ganz anders heran. Erst einmal glauben sie nicht, sondern nehmen nur zur Kenntnis! Zudem führen sie meist nicht oder wenig umfänglich Gespräche mit betroffenen Menschen, sondern nutzen öffentlich zugängliche Berichte. Sie würden wahrscheinlich auch wenige betroffene Menschen finden, weil sich diese verständlicherweise solchen Gesprächen verweigern. Den Berichtenden fehlen die juristischen Beweise für das in der lange zurückliegenden Kindheit erlebte Tatgeschehen. Die Belegbarkeit ist somit nicht gegeben. Wird jetzt im „kritisch wissenschaftlich Beurteilenden" von den Berichtenden durch ihren Bericht auch noch mindestens einer der oben angeführten Motivationsgründe aktiviert, wird die Aussage umgehend als falsch oder unglaubwürdig deklariert zurückgewiesen und nach den Belegen gefragt. Und das kategorisch! Das ist exakt die Wand, vor der wir damals gequälten Kinder so oft standen beziehungsweise gegen die wir liefen. Und das ist für viele betroffene Menschen jetzt unerträglich. Denn so war es immer! Es fühlt sich an wie wieder schweigen müssen und wie der Versuch, erneut verschweigen zu wollen. „Ein Echo aus der Kindheit"! Dieser Druck führt also nun dazu, mit Forschungsergebnissen außerordentlich zurückhaltend umzugehen und sie eventuell nur teilweise oder gar nicht zu veröffentlichen. Nichts ist zu spüren von dem Mut, den man den sich öffnenden betroffenen Menschen so oft attestiert hatte. Deshalb schließen sich dann gleich einige Fragen an: Können sich betroffene Menschen überhaupt noch mit ihrer Expertise einbringen, wenn sie mit Menschen ein Thema bearbeiten, mit denen sie themenbezogen nicht mehr auf dem gleichen Wissensstand sind? Nutzt die Forschung den betroffenen Menschen überhaupt? Und wobei? Und wobei nicht? Nutzt sie der Gesellschaft? Zumindest Letzteres sollte Wissenschaft doch zwingend tun.

Es ist also bei der wissenschaftlichen Aufarbeitung zu diesem Thema größtmögliche Transparenz notwendig. Inwieweit alle die von mir hier geäußerten Befürchtungen und Ängste begründet sind, möchte ich nicht beurteilen. In weiten Teilen habe ich dazu aber heute eine eindeutige Meinung! Und ich weiß, dass es diese Befürchtungen bei vielen Menschen gibt, ich weiß, dass der so wichtige Datenschutz hier für betroffene Menschen sexualisierter Gewalt in der Kindheit oft nicht nachvollziehbar ist. Und weil der Datenschutz so wichtig ist, muss ich gestehen, eine Lösung weiß ich hier auch nicht, aber um das Problem, dass Datenschutz hier zum Täterschutz wird, muss man wissen.

Neben den geraden angesprochenen „Problemen" ergibt sich – aus der Macht- und Einflusslosigkeit der eingesetzten Menschen, die man eben mit keinen, über den angedachten Bereich hinausreichende (schon gar nicht weitreichenden) Befugnissen für ihre Arbeit ausstattete – für viele betroffene Menschen eine weitere belastende Situation. Und zwar die bereits angesprochene Erkenntnis, dass hilfreiche Veränderungen für diese „Alt-Betroffenen" erstmal nicht zu erwarten sind. Insgesamt sind positive Veränderungen in den strukturellen Ungerechtigkeiten auf diesem Gebiet in unserem Staat bis heute ohnedies nur sehr begrenzt (zum Beispiel längere Verjährung, EHS) zu erkennen.

Doch wenn die Aufarbeitungsforschung einerseits etwas Gutes für Betroffene sexualisierter Gewalt in der Kindheit bewirken möchte, andererseits aber immer weiter von staatlich-behördlicher Seite nicht im Sinne dieser betroffenen Menschen gearbeitet wird, dann kann ihnen schon deshalb die Forschung an vielen Stellen nicht nutzen, oder bestenfalls denen, die in einer etwas ferneren Zukunft noch Opfer werden könnten, aber sicher nicht jenen, die es schon wurden. Ihr Sprechen – so wird es auch von vielen betroffenen Menschen jetzt empfunden – versandet. Beispiele für das staatlich-behördliche Agieren gegen die Anliegen der betroffenen Menschen sind unter anderem spürbar im Folgenden:

1) Kein oder kaum finanzieller Ausgleich für Gelebtes und Erlebtes. Opfer vergangener Generationen werden diesbezüglich ignoriert.

2) Keine Selbstverständlichkeit langer Therapien bei Komplextrauma.

3) Verjährung des Verbrechens und somit keine Ansprüche mehr, z. B. OEG-Härtefallreglung. Hier wird für Betroffene meist nichts mehr geregelt.

4) Keine Rechtspflichten für Entschädigungszahlungen. Schon gar nicht hinreichende! (100 % Schädigung nach OEG entspricht ungefähr 500 € Rente). Daraus resultiert eine Art „Freiwilligkeit" der Hilfegewährung für Betroffene. (Kein Muss, nur ein Kann.)

5) Kein Gewähren von PTBS-gerechter medizinischer Behandlung, Betreuung und Pflege. Ein sehr selten betrachtetes Problem: traumatisierte betroffene Menschen im Alter und/oder Pflegefall. Es fehlt an traumasensiblen Institutionen für alle Altersgruppen.

6) Kaum Rentenzahlungen.

7) Das Versorgungsamt-Desaster. Die staatliche Institution, deren Handeln oftmals scheinbar nur dazu dient, um Ansprüche betroffener Menschen möglichst abzuwehren.

8) Keine speziell geschulten Menschen im „Justizapparat". Das führt oft dazu, dass sich betroffene Menschen erst gar nicht melden. Und das hat gute Gründe!

9) Kein Recht an Akten, die in Kindheit und Jugend über den jeweils betroffenen Menschen angefertigt wurden, schon gar nicht, sobald diese einem Bundes-, Landes- oder Kommunalarchiv übergeben wurden. (Auch Daten, die sonst gelöscht werden müssten, sind hier vor Löschung geschützt.)

All das sind aber Antworten! Antworten des Staates und der Gesellschaft auch auf das Sprechen und die Sprechenden. Betroffene Menschen sexualisierter Gewalt in der Kindheit müssen sich nicht selten nach ihrem Sprechen – und ihrem Versuch, dadurch so etwas wie Gerechtigkeit zu erfahren – rechtfertigen, oft mit üblen Vorurteilen kämpfen, kränkende Pauschalratschläge ertragen und sehen sich haltlosen Unterstellungen gegenüber. In dieser Situation müssen sie sich dann – wollen sie ihre Chancen auf adäquate Hilfe aus dem Sozialsystem wahren – häufig selbst ein umfangreiches Wissen aneignen und dann lange (oft erfolglos) kämpfen. Die Gesellschaft, das Sozial- und Gesundheitssystem sind nicht in der Lage, diese Belastungen angemessen aufzufangen. So zumindest sind viele der Erfahrungen von betroffenen Menschen sexualisierter Gewalt in der Kindheit innerhalb der Gesellschaft, speziell innerhalb des deutschen Sozial- und Gesundheitssystems. Hier ist es nun vollkommen gleichgültig, wer zum Sprechen einlud und wozu. Es sind dies häufig die Erfahrungen nach dem Sprechen! Und all das erschwert es den betroffenen Menschen sexualisierter Gewalt in der Kindheit jetzt, für ein Recht auf nachträgliche Gerechtigkeit zu kämpfen.

Die betroffenen Menschen, die ihre Erlebnisse berichteten, wissen nun, dass sie gehört wurden, spüren aber (und erkennen), dass man ihnen als Staat weiterhin beinahe feindselig gegenübersteht. Daher sind das alles schlechte Antworten. Dem Sprechen – auch den erwachsenen Betroffenen mit ihren traumatisierten Kinderseelen – müssen hilfreiche Antworten vonseiten des Staates und der Gesellschaft folgen. Diese Antworten fehlen komplett! Bis heute.

Mit dieser Aufarbeitungsforschung hätte gleichzeitig die Hilfe für betroffene Menschen von diesbezüglichen Straftaten viel stärker in den gesellschaftlichen Fokus gerückt werden müssen. Stattdessen beseitigt man mit diversen Forschungsergebnissen Wissensdefizite zum Thema sexualisierter Gewalt und Kindesmissbrauch in all seinen Facetten – soweit man sich dies traut, es darf oder kann –, die denen, die bereits Opfer geworden sind, häufig nicht helfen. Die Politik, die Politiker und Politikerinnen – die Veränderungen umzusetzen hätten – erreicht man dahingehend gar nicht, und weite Bereiche der Gesellschaft bleiben hierzu in ihrem Wissen defizitär, das heißt, auch sie erreicht man nicht, oder sie haben, wie die Justiz auch, kaum offene Strukturen diesen betroffenen Menschen gegenüber.

Es gibt Wissenschaftler, die forschen seit Jahrzehnten an dem Thema „sexualisierte Gewalt gegen Kinder". Ihre Forschung lief und läuft somit über die Jahre parallel zu immer neuen Opfererfahrungen. Aber Forschung und Wissenschaft müssen doch immer – und besonders hier – gesellschaftliches Vertrauen fördern und finden. Forschung und daraus resultierende wissenschaftlich fundierte Erkenntnisse und Resultate müssen in politische Entscheidungen einfließen, um dann zu gesellschaftlichen Veränderungen führen zu können. Es muss Ergebnisse geben, die zu positiven Veränderungen führen! In diesem Fall wären diese, neben dem möglichst umfangreichen Vermeiden neuer Opfer, ein einfacher Zugang zu individuell angepassten und guten Hilfen für Betroffene gewesen sowie umfassende Nachteilsausgleiche. Das heißt dann unter anderem auch, dass leichter Zugang zu Psychotherapien und umfangreiche Hilfen im Alter, und wenn es sein muss, eine ausreichende Rente und eventuell frühzeitige Verrentung – wenn das dann eben die passendste Hilfe für den betroffenen Menschen ist – gegeben sein müssen. Sicher werden viele betroffene Menschen letztendlich – wenn sie dann alles „überlebt" haben – mit ihren Kindheitstraumata „in die Pflege gehen" und dort wird man ihnen dann ein letztes Mal (Gott sei Dank) mit Unverständnis begegnen. Diese Menschen benötigen aber genau dann im besonderen Maße besondere Begleitung. Auch die gibt es nicht oder kaum. Für ältere von sexualisierter Gewalt in ihrer Kindheit betroffene Menschen muss es auch und gerade im letzten Lebensabschnitt traumaorientierte Behandlung geben. Man muss in der Lage sein, Symptome zu erkennen. Pflegeheime müssen darauf eingehen können, Pflegekräfte müssen darum wissen, weshalb es auch in den Ausbildungsstoff gehört, wie auch ins medizinische Curriculum. Es gibt für betroffene Menschen sexualisierter Gewalt in der Kindheit mit chronifizierten Traumafolgen fast unerträgliche Eingriffe, medizinische Maßnahmen oder notwendige Pflegehandlungen. Das muss man nicht nur wissen, es muss zum jeweiligen Berufsbild gehören, auf diese Menschen hier besonders sensibel eingehen zu können. Beispiele sind hier das Waschen von Menschen, die das nicht (mehr) selbst können, das Legen von Kathetern, die Prostatauntersuchung, um nur einige zu nennen. Das alles wären wichtige und zwingend notwendige Veränderungen, die es braucht.

Solche Veränderungen anzustoßen hat die Aufarbeitungsforschung nicht im Geringsten bewirken können. Auch nicht, dass der Staat und die Öffentlichkeit dem Sprechenden eindeutige Antworten geben, warum es der Verbesserung der eigenen Lebenssituation nützlich war, die eigene gewaltbesetzte Vergangenheit in die Öffentlichkeit zu bringen. Dass das nicht passierte, scheint auch nicht tragisch, denn diese Ergebnislosigkeit betrifft exakt nur diejenigen, die ohnedies geschädigt sind und mit ihrer Schädigung schon lange ihr Leben gestalten müssen. Sie sind es aber auch gewesen, die diesen Prozess spätestens seit 2010 (erstmals seit 1999, zu der Zeit jedoch erfolglos, weil die heute nun wieder erstarkten täterkreisfreundlichen Personengruppen scheinbar ihren Einfluss spielen ließen) angestoßen haben. Für diese betroffenen Menschen führte ihr Sprechen in den allermeisten Fällen nicht zu Veränderungen, und Veränderungen, die es gab, waren für sie meist nicht relevant.

Und weil die Erforschung der sexualisierten Gewalt gegen Kinder in der BRD und DDR für viele damalige Opfer heute gar keine Hilfe ist, sollte man darüber nachdenken, ob man für jeden Euro, den man in diese Forschung steckt, einen Euro in „Betroffenen-Entschädigung" zu investieren hat. Die Betroffenen, die sprachen, haben als Antwort etwas erwartet, das ihnen nachhaltig etwas bringt. Entlastung! Entlastung, nicht nur für den Moment des Sprechens, sondern darüber hinaus. Betroffene Menschen haben ungeheuerliche Berichte vorgetragen, sie haben ungeheuerliche Reaktionen erwartet. Stattdessen ist für viele dieser Menschen heute nicht mehr klar erkennbar, was ihr Sprechen politisch, sozial und persönlich bewirkte.

Wenn man nicht nur die Betroffenen betrachtet, die sich öffentlich zu ihrer Missbrauchsgeschichte geäußert haben, sondern alle diejenigen hinzuzählt, die diesen Aufarbeitungsprozess schweigend verfolgen, – was übrigens sehr wohl auch seine Berechtigung hat – dann würde ich davon ausgehen, dass ein umfangreicher Teil aller Betroffenen von dieser Aufarbeitung enttäuscht sind, weil sie nichts zur Verbesserung der jeweiligen persönlichen Situation sowie der Gesamtsituation beitragen konnten und sie nicht einmal sicher sind, dass alle aufgedeckten Missbrauchsstrukturen mit all den Namen und Institutionen (und ohne Rücksicht auf diese) nach Aufdeckung auch wirklich bekannt gemacht und somit auch verändert werden beziehungsweise werden können.

Und daher kehrt für so manchen betroffenen Menschen sexualisierter Gewalt in der Kindheit die Einsicht zurück: „Du kannst und darfst sprechen, aber nicht zu laut!" Das ist weit entfernt von „Sprechen hilft"!

Zudem hat sich im Hinblick auf die Quantität dieser Verbrechen gegen Kinder und ihre Kindheit in den letzten zehn Jahren (seit 2010) nicht wirklich etwas positiv verändert. Aber Aufarbeitung und Aufarbeitungsforschung ist nun derart fest installiert und institutionalisiert, dass Kritik – zumal wenn sie von Betroffenen kommt – dort kaum mehr etwas zu bewirken vermag. Nichtsdestotrotz ist sie wichtig. Die Forschung wie die Kritik!

Ein letzter Aspekt, der meiner Meinung nach wichtig ist, um zu verstehen, warum „die Aufarbeitung", wie sie jetzt praktiziert wird, für viele Betroffene, die ihre Geschichten aus der Vergangenheit einbrachten, jetzt häufig zumindest enttäuschend ist: Selbst wenn nichts versprochen wurde, selbst wenn jedem Sprechenden klar war, Veränderung oder Hilfen zur Veränderung für die eigene Lebenssituation wird es von hier nicht geben, so war dies doch immer latent ein Wunsch vieler betroffener Menschen. Dieser Wunsch ist auch gar nicht so abwegig und unverständlich. Es gibt Menschen, bei denen führt die Position, die sie bekleiden, berechtigterweise zu gewissen Vorannahmen. Es ist sozusagen ein Bonus aufgrund gewisser Voraussetzungen, die diese Personen erfüllen. Man geht bei diesen Menschen per se davon aus, dass sie helfen. Der Polizist/die Polizistin, die Ärztin/der Arzt, der Fachberater/die Fachberaterin, die Therapeutin/der Therapeut. Bei den Menschen in der Aufarbeitung gaben viele der – über ihre traumatischen Kindheitserlebnisse – Sprechenden diesen Bonus den Menschen, denen sie im Gespräch begegneten, auch. Sie müssen ihn sogar geben, weil sie ihre existenzbedrohenden Erlebnisse aus der Vergangenheit nur erzählen können, wenn zumindest ein gewisses Maß an Vertrauen vorhanden ist. Und dieser Vertrauensvorschuss braucht seine Einlösung! Das Sprechen betroffener Menschen über die erlebte sexualisierte Gewalt und das dazugehörende Zuhören geht schon daher eben über einen reinen Sachinformationsaustausch hinaus. Diese Informationen sind eben nur über einen Vertrauensbonus erhältlich. Vertrauen ist die Währung, Augenhöhe sollte der Wechselkurs sein.

Die Annahme, „hier hilft jemand", wird unter anderem auch gespeist durch Slogans wie „Sprechen hilft". Das stimmt aber hier so gar nicht! Oft führt das Sprechen für die Sprechenden, genau hier und genau durch die gerade angesprochenen Probleme, in die Enttäuschung. Natürlich kann das Sprechen über die traumatischen Erlebnisse hilfreich sein, das hängt aber von verschiedenen Faktoren ab und diese sind individuell sehr unterschiedlich. Deshalb darf man das in dieser einfachen Pauschalität nicht kurzerhand so als Motto ausrufen. Denn es wirkt wie ein Versprechen! Aber es fehlte und fehlt an Verbindungen. Was tun mit Informationen, mit den Informanten und mit den Schädigungen, von denen diese berichten? Was tun mit dem Wissen um den Umfang solcher Probleme? Welche Maßnahmen und Veränderungen müssen sich sowohl in die Vergangenheit als auch in die Zukunft richten? Wie entsteht Recht und Gerechtigkeit für beide Seiten?

Und so scheint es heute nun tatsächlich für manche betroffene Menschen sexualisierter Gewalt aus lang vergangener Kindheit schon wieder einfacher zu sein, aus dem eigenen schamvollen Erleben zwischen Erwachsenen und Kind und/oder abhängigen Heranwachsenden das erotische Verhältnis eines sexuell Frühentwickelten zu machen, als sich als „Opfer" zu outen. Im ersten Fall gibt es eine breite gesellschaftliche Toleranz, im zweiten Fall erlebt man erneut Ungerechtigkeit, weil mit dem Sprechen eine Erwartung auf Gerechtigkeit entsteht, gar ein Anspruch, dem nicht ansatzweise Genüge getan wird. Im ersten Fall täuscht man sich selbst und sein Umfeld, indem man (wieder) einer Täterlogik folgt und die Realität verdreht. Im zweiten Fall lebt man mit einem Stigma. Für die Gerechtigkeit aber haben der Staat und die Gesellschaft zu sorgen, denn sie wissen nun, was und wie es war. Aber sie tun es nicht! Und das führt dann oft wieder in das Schweigen.

Kapitel 7
Ein Beispiel*

Eine heute 58-jährige Frau wurde in früher Kindheit vielfach und in verschiedensten Kontexten missbraucht. Um es deutlicher zu formulieren, sie wurde als Kind vergewaltigt, vielmals und über lange Zeit hinweg! Die Verbrechen an ihr geschahen bis Ende 1975. Sie kämpfte sich mit all ihren Schädigungen, die ihre Seele erlitten hatte, durchs Leben. Jeden einzelnen Tag. Nun ist ihr das nicht mehr möglich. Sie kann einfach nicht mehr! Das OEG (Opferentschädigungsgesetz) greift mit nahezu hundertprozentiger Sicherheit nicht mehr, denn die Verbrechen an ihr liegen vor Mai 1976 und sind somit einer Stichtagsregel unterworfen. Liegt das Verbrechen vor diesem Stichtag, sind die Hürden für Hilfen und Unterstützung durch das OEG sehr hoch. Was nicht heißt, dass es unmöglich ist. (Ihr jahrelanger Kampf ist bis heute ergebnisoffen.) Diesen Weg durch die ganzen OEG-Instanzen – Gutachten, Gegengutachten, Einspruch, Ablehnung des Einspruchs, Klageerhebung, mündliche Verhandlung, Urteilsanfechtung usw. – aber zu beschreiten, ist nach vielen Erfahrungsberichten wenig bis gar nicht erfolgversprechend, dafür

---

* In diesem Beispiel sind zwei sehr ähnlich verlaufende Schicksale in einem zusammengefasst.

aber ganz sicher retraumatisierend und mit einiger Wahrscheinlichkeit sogar nicht ganz ungefährlich. Abgesehen davon, dass dieser Weg ein sehr langer werden kann, die Rede ist hier häufig von wenigstens zehn Jahren! In den zuständigen Versorgungsämtern scheinen die Weichen dahingehend gestellt, Anträge – speziell solche – abzulehnen.

Die Krankenkassen werden Therapiekosten nur bis zu einer gewissen Anzahl von Therapiestunden übernehmen. Der gesetzliche Rahmen sieht als Obergrenze verfahrensabhängig 80 Stunden (Psychoanalyse bis 300 Std.) vor, die selten weiter und nur in Einzelfällen – und dann nur nach aufwendiger Beantragung – bewilligt werden. Jeder, der sich mit dieser Thematik beschäftigt, weiß, dass gerade bei chronifizierten Traumafolgen diese Anzahl von offiziell zugebilligten Therapiestunden geradezu lächerlich wenig ist. Andere Hilfsangebote sind so schlecht aufgestellt, dass diese Frau auch darauf nicht hoffen kann. Nachdem sie nun einige andere Versuche unternommen hat, sich Hilfe und Unterstützung zu holen – was mehrere Jahre in Anspruch genommen hatte, großen seelischen Stress mit sich brachte und daher Kraft kostete –, war sie hilfloser und resignierter als je zuvor und gab auf. Sie musste sich früher verrenten lassen, wobei sie zuvor schon in die Arbeitslosigkeit rutschte, was ihren Rentenanspruch reduzierte, und bekam dann auf ihren Rentenanspruch noch einen dauerhaften Abschlag. Das heißt folglich, ihre Altersrente wurde gekürzt. Es ist nicht auszuschließen, dass sie die Grenze zur Altersarmut unterschreitet. Sie hat dafür bezahlt und wird weiterhin ungerechterweise dafür bezahlen, dass sie als Kind vergewaltigt worden ist!

Das einzig wirkliche Instrument des Staates – das Opferentschädigungsgesetz – versagt hier fast vollständig. Auch andere Sozialträger wollen meist nicht zahlen und keine Hilfsleistungen oder Hilfestellungen übernehmen. Im Gegenteil, diesbezüglich betroffene Menschen haben mit einer Antragstellung bei den dafür möglichen Instanzen meist Ärger, viel Schreiberei und müssen demütigende Begutachtungen und Gegenbegutachtungen über sich ergehen lassen. Es kommt durch diese Instanzen – und das scheint nicht ungewollt (zumindest ist es bis heute unverändert) – zu einer sekundären Viktimisierung.

Das also sind die Antworten des Staates und der Gesellschaft, die nicht in der Lage waren, dieses Kind zu schützen. Ich meine, der Staat und somit diese Gesellschaft hat dieser Frau die Möglichkeit zu geben, sich finanziell so bewegen zu können, als wäre sie 45 Jahre lang einer vernünftig dotierten Arbeit nachgegangen und würde nun ohne Abzüge in den Ruhestand wechseln.

Es müssen ihr ausreichend viele Therapiestunden bezahlt werden, wobei es nicht die Krankenkasse allein sein kann, die über „ausreichend" entscheidet. Die Krankenkassen müssten für solche Menschen eine Art „Golden-Card" zur Verfügung stellen, eine Krankenkassenkarte, die alle Vorteile und Sonderleistungen der jeweiligen Kasse frei beinhaltet. Das hört sich vermessen an, und das darf es auch. Diese Frau wird später, wenn sie Pflege braucht, ins Krankenhaus muss oder der Weg sie in ein Altersheim führt, – wie viele andere betroffene Menschen sexualisierter Gewalt in der Kindheit auch – wieder Kämpfe führen müssen mit sich und ihrer Umwelt, oder sie wird versuchen, diesen letzten Kämpfen durch Suizid zu entgehen. Das ist kein weit hergeholtes Szenario. Es ist daher so wichtig, dass sie die beste Unterstützung bekommt, denn sonst steht sie am Ende dort, wo sie unverschuldet schon seit Anfang stand: im sozialen Abseits. Und sie muss sich lange vorher schon dieser Unterstützung sicher sein. Denn nur so kann hier verhindert werden, dass sie jeden Tag angstvoller ihrem eigenen Alter entgegensieht. Das alles sind Hilfestellungen, die unbedingt erforderlich wären. Und das wäre dann auch echte Teilhabe. Das ist die soziale Verantwortung von Staat und Gesellschaft. Und es wird einmal mehr klar, die Frau trägt – und das gilt für alle Opfer sexualisierter Gewalt – die Folgen der Taten oft lebenslang. Hier wird noch etwas anderes deutlich. Frauen und/oder Menschen mit Migrationshintergrund müssen in vielen Bereichen meist mehr leisten wie andere, um das Gleiche zu erreichen. Diese Personengruppen bemängeln das – sich selbst vertretend und durchaus berechtigt – schon seit Langem lautstark. Es gilt aber auch für von sexualisierter Gewalt in der Kindheit betroffene Menschen. Auch wenn die Gründe dafür anderswo liegen, müssen auch sie mehr leisten, um ähnlich Gleiches erreichen zu können. Der Unterschied ist, dass es bei betroffenen Menschen sexualisierter Gewalt eine unsichtbare Ungleichheit darstellt.

Diese laut auszusprechen, führt häufig eher noch zu weiteren „Hindernissen". Denn der Grund dafür, dass man mehr leisten muss, um Gleiches zu erreichen, sollte hier meist möglichst verborgen bleiben, sonst lebt man mit einem Stigma. Hier greift tatsächlich noch ein Tabu.

Aber eine solche umfassende und kompromisslose Hilfe, wie an diesem Beispiel beschrieben, wird es nicht geben, oft, ja zum überwiegenden Teil, wird es gar keine Hilfe geben. Und so bleibt bald nur noch eine Erkenntnis: Wenn die Aufarbeitung der eigenen traumatischen Biografie, im Sinne von „positiver Veränderung der eigenen Lebenssituation", länger dauert als die noch zu erwartende Zukunft, dann schweig! Rede nicht! Vergrabe es noch tiefer in dir und versuche auf dem Schutt deines Lebens noch ein wenig Eintracht zu erleben! Zukünftige Opfer werden darüber nachdenken, ob sie sprechen, sie werden recherchieren, was das Sprechen früherer Opfer diesen gebracht hat. Und sie werden sich dann vielleicht für das Schweigen entscheiden. War das das Ziel?

Und dafür, dass es solche Hilfestellungen und Unterstützungen, wie gerade angesprochen, schnell und angemessen gibt, müsste die „öffentliche Aufarbeitung" – hier vor allem die Institution UBSKM – genauso verbissen kämpfen, wie für irgendwelche Kampagnengelder oder die Finanzierung von Schutzkonzepten. Denn diese Institution UBSKM hat sich, ob sie das will oder nicht, ob das geplant war oder nicht, zur Stimme der Menschen gemacht, die von sexualisierter Gewalt in der Kindheit betroffen waren beziehungsweise sind.

Dafür braucht es aber mehr „Manpower" beziehungsweise mehr Ressourcen jeglicher Art – was dann übrigens auch eine Antwort des Staates wäre – und auch dafür muss man sich sichtbar und spürbar starkmachen, denn nur dann wird man glaubhaft. Im Übrigen sollte man beim Aufbau von personellen Ressourcen nicht nur auf die jeweilig zwingend benötigten berufsbezogenen Voraussetzungen der einzelnen mitarbeitenden Personen achten – das gilt für alle Bereiche, egal ob Sekretariat, Rechtsabteilung, Administrative, Buchhaltung, Eventmanagement und andere –, sondern bei diesen Mitarbeitenden sollte man außerdem ein hohes Maß an sozialer Kompetenz und den Willen, mit diesbezüglich betroffenen Menschen umzugehen, sowie gewisse innere Stabilität zur Voraussetzung machen. Eventuell sollte man auch einmal darüber nachdenken, sich dabei gleichermaßen nach männlichen Bediensteten umzuschauen. Die gibt es – sieht man einmal vom „Unabhängigen" persönlich ab – im Arbeitsstab des UBSKM nämlich nahezu nicht.

Kapitel 8
„Institutionelle Aufarbeitung"

Eine der wesentlichen Grundlagen zur Aufarbeitung der vielen Verbrechen des sexuellen Kindesmissbrauchs in Deutschland sollten die Erfahrungsberichte der einst betroffenen Menschen sein. Deshalb gab es recht bald Aufrufe, die die Betroffenen dazu bewegen sollten, sich zu melden und über ihre Erfahrungen zu berichten. Dabei musste man die zentralen Ängste zerstreuen, mit Vertrauen werben, mit Kompetenz, mit der Aussicht auf Verbesserung der Lebenssituation der Sprechenden („sprechen hilft"). Man bot sich als verständnisvoller Ansprechpartner an und appellierte nebenbei an die soziale Verantwortung der betroffenen Menschen („Sprich, damit andere das nicht erleben!"). Das war alles gut und ehrlich gemeint, aber heute verständnislos den Kopf zu schütteln über die Erwartungen, die viele betroffene Menschen mit diesem Sprechen dann verbanden, scheint mir, dort wo es geschieht, ein ziemlich herablassendes Verhalten. Vielleicht steckt hier auch ein ganz zentrales Problem im gesamten Prozess und im Umgang miteinander. Geworben wurde mit Vertrauen, Fachwissen und der schon im Vorfeld signalisierten Bereitschaft, den sprechenden Menschen zu glauben. Dann aber wird den Sprechenden deutlich, was die Fachleute von vornherein wussten. Die Wissenschaft ist bestenfalls neutral!

Im Grunde ist sie selbst das nicht, denn sie unterliegt einer Parteilichkeit für das Bestehende, dessen Teil sie ist.

Das aber lässt ein „Ich-Glaube-dir" in der versprochenen Art streng genommen gar nicht mehr zu. Und somit wird auch die so wichtige gleiche Augenhöhe für viele betroffene Menschen nicht mehr oder nur noch schwer erlebbar. Viele betroffene Menschen wissen heute, ihre Erwartungen: „Du gehörst zu uns, wir sehen dich, wir verstehen dich, wir unterstützen dich und wir helfen dir", waren vollkommen abwegig, aber die Enttäuschung wird dadurch nicht kleiner. Es gab daher schon von Beginn an unterschiedliche Ziele, die dann aber nicht zusammengeführt wurden, werden konnten oder zusammengeführt werden sollten. Denn Wissenschaft ist neutral, oder muss es möglichst sein, sie kann gar nicht glauben oder muss möglichst wenig glauben, sie muss wissen und solange sie nicht weiß, glaubt sie nicht, sondern ringt um Wissen. So haben betroffene Menschen sexualisierter Gewalt in der Kindheit ihr hochemotionales, oft sehr intimes und schambesetztes Anliegen auf wissenschaftlichem und deshalb neutralem Terrain ausgebreitet, das sich dann in der Folge auch noch für ihr Anliegen als sumpfig erwies.

In dieser Vielzahl der offiziellen Ziele, die sich auch mit persönlichen mischten (aufseiten vieler helfender Fachleute wie der vieler betroffener Menschen), entstand zwangsläufig eine eher unübersichtliche Gemengelage. Unausgesprochen hofften die verschiedenen Protagonisten auf die Erfüllung der eigenen Vorstellungen – diese waren und sind aber oftmals nicht, schon gar nicht zwangsläufig, identisch. Und zu der Verfolgung durchaus ehrenwerter Ziele gesellten sich auch persönliche Motive eigener Bedeutung (auch auf beiden Seiten), die dem Anliegen in ihrer Gesamtheit nicht immer nur zuträglich waren. Und: Der Wunsch, „wir tun etwas für Betroffene", vertrug sich schlecht mit dem Erleben, dass deren Ansprüche weiter reichten als die erwartete Dankbarkeit über das Gehört-Werden und sogar manchmal im Gefühl, benutzt worden zu sein, mündete. Die Welten, aus denen Betroffene und Nicht-Betroffene beziehungsweise Sprechende und Zuhörende stammen, zeigten und zeigen sich als sehr unterschiedlich. Das wurde und wird in dieser Aufarbeitung schnell ein Problem bezüglich der Kommunikation auf gleicher Augenhöhe. Denn während die Politik die Instrumente schaffen konnte, konnten Betroffene diese „nur" teilweise für sich nutzen.

Für so manchen betroffenen Menschen sexualisierter Gewalt in längst vergangener Kindheit ist es sehr aufwühlend mitzuerleben, dass die Frage: „Was machen wir eigentlich mit denen, die schon Opfer solcher Taten wurden?", außerordentlich selten bis gar nicht gestellt wird, und weitestgehend – ich wiederhole es immer wieder – unbeantwortet bleibt.

Aber die Gewalt, die man diesen betroffenen Menschen antat, so auch mir, hat oftmals in ihnen überlebt – sie ist ein Monster, das sich aus deren Versatzstücken ernährt und sie oft, mit jeder neuerlichen Zurückweisung, die sie erleben, weiter von innen auffrisst. Keine Antworten zu erhalten, zumindest keine adäquaten, ist eindeutig eine solche Zurückweisung! Für Menschen aus der „satten Welt" mag Aufarbeitung sein wie eine von vielen Einladungen, denen man nachkommt oder eben nicht – für viele Menschen, die sexualisierte Gewalt in ihrer Kindheit er- und durchleben mussten, aber war es häufig, wie erstmals überhaupt eingeladen zu werden. Sie dachten, es ist ein Auftakt, eine Einladung zum Dazugehören – sie hatten nicht mit ihrer Flüchtigkeit gerechnet. Sie glaubten dieser Welt so verbindlich – und waren mit ihr und in ihr dann doch nie gebunden. Vor dieser Aufarbeitung lebten viele dieser Menschen in einer Welt mit minimaler Hoffnung und – im eigenen Empfinden – mit wenig Würde, dafür war diese Welt angefüllt mit Scham und Verzweiflung.

Diese betroffenen Menschen trugen oftmals ihre Geschichten wie eine Krankheit mit sich, und es wurden vielfach auch Krankheiten daraus. Jetzt wollten sie das, was sie so lange alleine trugen, mitteilen, um sich zu entlasten. Es ist vielen nicht gelungen!

Es konnte gar nicht gelingen!

Denn für so manchen betroffenen Menschen sexualisierter Gewalt in der Kindheit war Sprechen oft auch ein Sich-Öffnen. Gleichzeitig versuchten sie im Sprechen ihre Geschichten und die darin enthaltenen Verbrechen an ihnen zu dokumentieren. Aber dem wurde nichts Haltgebendes entgegengebracht.

Darüber hat man bei öffentlicher institutioneller Aufarbeitung gefälligst nachzudenken, und wenn man das nicht will, dann hat man das zumindest zur Kenntnis zu nehmen.

Kapitel 9
Die Gefährlichkeit des Sprechens

Viele dieser Menschen, die bereits in ihrer Kindheit sexualisierter Gewalt ausgesetzt waren, entwickeln ein Bindungstrauma. Es wird diese Menschen unter Umständen ein Leben lang begleiten, mit Sicherheit aber immer wieder einmal im Leben belasten.

Das Sprechen war deshalb schon ein mutiger Versuch vieler dieser betroffenen Menschen, über die reine Informationsübermittlung hinaus eine Bindung zu dieser Welt herzustellen. Das war weder so geplant noch war es die erste Intention der Betroffenen. Sie wollten sprechen, Gehör finden, geglaubt bekommen, Verständnis spüren, ein Verständnis, das es ihnen ermöglicht, Schuld- und Schamgefühle nicht mehr so deutlich spüren zu müssen. Anteilnahme erfahren, Teil werden, teilhaben. Das muss ein solcher Prozess des Sprechens und Zuhörens beinhalten. Mit ihrem Sprechen haben Betroffene nach Solidarität gerufen, oder aber sie dachten, sie hätten auf einen Aufruf der Solidarität geantwortet. Jeder einzelne Sprechende!

Doch dann begann eben mit dem Sprechen die Begegnung! Sie war für viele Betroffene plötzlich ganz intensiv wahrnehmbar. Das Über-die-Vergangenheit-Sprechen wandelte sich zu Den-Menschen-Begegnen. Sich den Menschen offenbaren. Denn es war eben nicht so, dass man anonym einen Fragebogen ausgefüllt hat.

Dieses „Wandeln" geschah vollkommen unvorhergesehen. Über die Vergangenheit zu sprechen heißt, den Zuhörenden Vertrauen entgegenzubringen. Gleichzeitig muss der betroffene Mensch annehmen können, dass die Zuhörenden ein Interesse an ihnen – den betroffenen Menschen, die sprechen – haben. Zwei ganz zentrale und überlebenswichtige Erkenntnisse der Kindheit müssen also für die (nun endlich) Zuhörenden überwunden werden. Denn die jetzt sprechenden betroffenen Menschen müssen über die langen Schatten ihrer Kindheit springen. Diese langen Schatten der Vergangenheit sind zum einen das Misstrauen, und zum anderen das Wissen, dass ein Interesse an der eigenen Person immer im Schlimmsten enden kann beziehungsweise zum Schlimmsten führen wird.

Um die betroffenen Menschen zum Sprechen zu bewegen, musste und muss man also ihr Vertrauen gewinnen! Vertrauen führt Menschen zusammen, es sollte nicht verloren gehen und man sollte es nicht brechen. Vertrauen ist aber auch etwas, das man sich einerseits erwerben muss, andererseits aber nur geschenkt bekommen kann. Aber: Man muss es sich ständig erwerben, um es dann bestenfalls ständig geschenkt zu bekommen. Auch dieses ständige Werben um Vertrauen fehlt. Zumindest gibt es, wie beschrieben, an vielen Stellen Anlässe, die dieses Vertrauen scheinbar nicht rechtfertigen. Wer vertraut, der entscheidet sich bewusst dafür, sich verletzbar zu machen. Das Risiko liegt hier bei den betroffenen Menschen. Das wurde und wird oft nicht berücksichtigt.

Auch sollte man bedenken, dass sich so mancher Mensch, der sexualisierte Gewalt in der Kindheit erlebte, sich für das, was ihm in seiner Kindheit und Jugend widerfuhr, jahrzehntelang geschämt hat. Diese Scham war oft auch im ersten Sprechen noch vorhanden. Und so traten viele mit ihrer schambesetzten Vergangenheit hinaus aus der Anonymität. Heute nun schämen sich viele dieser Vielen, ihre Geschichte in die Öffentlichkeit getragen zu haben, und sie schämen sich ihrer Naivität. Vollkommen sinn- und ergebnislos in Bezug auf das eigene Leid und die persönliche Situation erscheint diesen betroffenen Menschen ihr Sprechen nun. Sie schämen sich, ihr heimliches Klagen öffentlich gemacht zu haben. „Das hätte ich wissen müssen", wird sich mancher jetzt selbst anklagen. Und dürfen diese Menschen das nun noch so sagen? Dass sie enttäuscht sind, Erwartungen hatten, etwas erreichen wollten? Nein! Sie werden sogleich pathologisiert.

Aber wie geht es nun vielen betroffenen Menschen nach ihrem Sprechen? Was hat es mit ihnen und ihrer individuellen Aufarbeitung gemacht? Ich halte diese Frage für berechtigt, denn oft sind die Möglichkeiten einer individuellen Aufarbeitung in direktem Zusammenhang mit der gesellschaftlichen, also öffentlichen, Aufarbeitung zu sehen.

Nach dem Sprechen muss etwas passieren! Es muss ein Danach geben. Ein Danach, das Halt gibt, ein Danach, aus dem strukturgebende Kontakte erwachsen können, ein Danach, das

Antworten gibt. Das sollte mitgedacht sein. Das hätte mitgedacht werden müssen! „Wo und wie geht es weiter?“

Die Entscheidung, zu sprechen, war nun eben einmal ganz oft mit Erwartungen und Hoffnungen verbunden. Unterstützt wurde dieser – doch recht umfassende und hoffnungserfüllte – Optimismus durch ein Umfeld voller Betriebsamkeit und Tatendrang. Unbedingt müsse man sich diesem Thema widmen, hieß es, um aufzuarbeiten, was geschah, aber eben auch, um dann präventive Maßnahmen für die Zukunft entwickeln zu können. Immer wieder wurde und wird betont, wie wichtig die Erfahrungsberichte für die Aufarbeitung der Geschehnisse sind, für das Verstehen und die jetzt zu implementierenden Präventionsmaßnahmen. Es war aber nicht nur ein WAS, es hatte immer auch ein WEM gegeben. Es ist nicht nur etwas passiert, es ist auch immer jemandem passiert und es wurde von jemandem getan!

Von Entschädigung und Wiedergutmachung wurde gesprochen, von nötigen Konsequenzen und Gerechtigkeit. Es gab öffentliche Hearings, Workshops und andere Veranstaltungen, die sich – im Interesse der betroffenen Menschen und aus einer empathischen Perspektive heraus – mit dieser Thematik beschäftigten. Den Betroffenen, die das erlebten, tat das meist erst einmal sehr gut. Es fehlte aber die Nachhaltigkeit. Es war wie eine kurze „Einladung ins Leben“ – und somit die so sehnlich erwünschte Teilhabe am Leben –, um dann die Türe wieder mehr oder weniger zu schließen. So wurde aus dem ersten Sprechen nun rückblickend eben oft für viele nur ein kurzes Aufschreien. Aufarbeitung ist, was die Institution macht – der einzelne betroffene Mensch berichtet. Er kann aber so nicht aufarbeiten, dazu wäre Beziehung, ein Platz auf dieser Seite der Welt, Kommunikation und Kommunikationsräume (im Gespräch bleiben, also Begegnung) nötig. Und nicht, wie z. B. bei einer gerichtlichen Aussage: Das Opfer ist als Zeuge geladen – und danach endet die Veranstaltung.

Es wäre aus den Berichten zu lernen gewesen: Was brauchen Geschädigte sexualisierter Gewalt in der Kindheit danach? (Ähnlich wie sich nach einer stationären Kur sinnvollerweise Teilstationäres anschließt, um Übergänge zu ermöglichen). So muss nach dem Schweigen über Jahre das Sprechen in einem Im-Gespräch-Bleiben und im Interessiert-Bleiben münden! Unbedingt! Die inhaltliche Mitteilung braucht eine Tiefe und ein Näheverhältnis, einen Vertrauensraum. Dieser wird aber durch das Ende und mit dem Ende der Mitteilung nur situativ und bedingt geboten. Dieses „Tiefe- und Näheverhältnis" wurde dem Betroffenen im Vorfeld aber scheinbar angeboten. So jedenfalls ist es von vielen betroffenen Menschen gespürt und empfunden worden. Ein Missverständnis? Ja, vielleicht! Aber klar ist doch: Wer sich zu diesem Thema öffnet, bedarf eines verlässlichen Schutz- und Interessensraums, sonst wird aus einem Gesprächsangebot (wie wichtig bist du mir und deine Geschichte) schließlich nur ein Informationsinteresse zulasten des Sprechenden. Auch das wiederhole ich gerne des Öfteren.

Wahrgenommen zu werden als verletzter Mensch, als Mensch mit Wunsch nach einem Beziehungs- und Bedeutungsrahmen, das fehlt der öffentlichen Aufarbeitung, weil dieses Bedürfnis in der wissenschaftlichen Ausrichtung nicht vorgesehen ist. Das heißt aber nicht, die nun sprechenden betroffenen Menschen ausschließlich als Opfer wahrzunehmen. Es heißt, sie wahrzunehmen in der Situation, in der sie sich befinden. Daraus ergibt sich Augenhöhe. Denn für betroffene Menschen kann sich das Angebot des Dazugehörens auf „dieses eine Sprechen" reduzieren, wenn die Begegnung auf Augenhöhe keine Fortsetzung findet. Gerade wenn sie aufgrund ihrer Traumatisierung weitgehend sozial isoliert und zurückgezogen leben – Lebensbedingungen, die hier keineswegs unüblich sind –, reduziert dies ihre Teilhabe auf Augenhöhe eben auf dieses eine Sprechen. Es reduziert also nicht die betroffenen Menschen direkt, sondern ihre Teilhabe auf Augenhöhe.

Aber betroffene Menschen schaffen Wissen mit ihrem Sprechen. Sie dürfen erwarten, dass die Wissenschaft dazu beiträgt, dass von Staat und Gesellschaft für sie auch Räume geschaffen werden. Dass das alles fünf, zehn oder auch fünfzig Menschen gar nicht leisten können, ist doch verständlich. Dass sich aber niemand genau um diese Aspekte kümmert, niemand wirklich mit Nachdruck für verbesserte Rahmenstrukturen in dieser Aufarbeitung kämpft, zeigt, dass man sich von denen, die sprachen, bei der Umsetzung wieder entfernt.

Hier fehlt meines Erachtens die Aufarbeitung der bisherigen Aufarbeitung durch die Aufarbeitung.

Viele betroffene Menschen lebten vor ihrem Sprechen häufig schweigend in der Defensive, weil sie sich zu jeder Zeit vor erneuter Verletzung und Kränkung schützen wollten. Sie machten sich klein in ihrem Alltag und zeigten somit so wenig wie möglich Angriffspunkte. Sie lebten dadurch häufig ein sehr reduziertes Leben bei dem Versuch, nicht erneut verletzt zu werden, eventuell sogar zu gesunden. Jetzt wollten sie – indem sie durch ihr Sprechen ihre Erinnerung teilten – gesellschaftliche Integration beziehungsweise Reintegration erlangen, zumindest erste Schritte dahin tun. Mit dem Sprechen aber hatten sie sich gleichzeitig aus dieser schützenden Defensive hinausbewegt. Sie waren verletzlicher geworden.

Denn das Sprechen ist eine Rückkehr in die Vergangenheit und gleichzeitig eine Ankunft in das Hier und Jetzt. Mit dem Sprechen kommt die Vorstellung, jetzt ist „es" überwunden oder jetzt kann „es" überwunden werden. Jetzt beginnt etwas Neues, der Eintritt in die „gute", zumindest gerechte Welt, in der man leben können wird. Doch die Welt, die man durch das Tor des Sprechens betrat, enttäuschte. Sie ist nicht gerecht. Wenn sie das in Bezug auf die nun offengelegte Biografie mit den beinhalteten Verbrechen aber nicht ist, kann sie nur als ungerecht – und daher auch nicht als gut – empfunden werden. Damit entfremdet sich die Welt, in die man durch sein Sprechen eingetreten ist, wieder, bevor man in ihr

Fuß gefasst hat. Doch in die Welt, aus der man kam, der vom eigenen Schweigen und dem Schweigen anderer geprägten Welt, kann man nicht mehr zurück. Das ist dann für so manchen Betroffenen dramatisch. Das Unrecht wird nicht nur weiterhin erlebt, sondern erneut erlebt, weil die Reaktionen und Antworten fehlen. Es muss immer wieder gesagt werden, dass diese Antworten von Staat und Gesellschaft kommen müssen, also von der Öffentlichkeit, der Öffentlichkeit, der man sich – unter Inanspruchnahme des geschützten Vertrauensraums, den die öffentliche Aufarbeitung für die Sprechenden eingerichtet hat – öffnete.

Diese Menschen begegnen nun „dieser Welt", in Form der „öffentlichen Aufarbeitung", sowie – daran angeschlossen – assoziierten, engagierten und ehrenamtlichen Fachleuten. Doch bevor ein Gespräch überhaupt stattfinden kann, muss Misstrauen und die Angst vor Begegnung abgebaut sein. Auch das schreibe ich nicht ohne Grund zum wiederholten Male. Das sind oft sehr stille innere Kämpfe, die bestanden werden müssen. Die Bindungstraumatisierten sind mit diesem Versuch der Informationsübermittlung (der Offenbarung) eine Bindung zur „Öffentlichkeit" eingegangen. Das ist – gerade durch diese starken inneren Kämpfe – ein unglaublich intensives Erleben. Denn für die Betroffenen sind es Begegnungen im Hier und Jetzt und gleichzeitig Begegnungen mit den starken, negativen, kindlichen Erfahrungen und deren Prägungen. Nun also die Begegnungen mit Vielen und vielen unterschiedlichen Menschen rund um die Aufarbeitung.

Die Berichte dieser betroffenen Menschen waren und sind nun für das Aufarbeiten der Sache wichtig. Für die Berichtenden aber war und ist nach diesem – oft ersten – Sprechen die wohlwollende Begegnung, die verständnisvolle Reaktion der Menschen, das Wahrnehmen ihrer Reaktionen wichtig, um die nun aufkommenden Gefühle und Emotionen einzuordnen und um dann dadurch Erfahrungen zu sammeln, die helfen, die eigene traumatische Biografie positiv gestaltend aufarbeiten zu können.

Die Gefühlswelt, die sich im Prozess der öffentlichen Aufarbeitung für die Betroffenen oft erleben lässt, ist x-fach geprägt von der Erkenntnis, dass nach diesem Sprechen eine intensive Kommunikation nicht gewünscht war oder ist und die Distanz zum betroffenen Menschen gesucht wird (zumindest wird spürbar Erfahrung und Person getrennt behandelt). Und wer mit Betroffenen sexualisierter Gewalt in der Kindheit umgeht oder umgehen will, muss um solche Mechanismen und Dynamiken – und diese Gefühlswelten – wissen. Dem einzelnen betroffenen Menschen – und dafür gibt es nun wiederum viele Erfahrungsberichte – erging und ergeht es oftmals so, dass Erwartungen, Hoffnungen, ja, der ganze Optimismus im Rahmen der „Aufarbeitung" verloren ging. Die eigene Geschichte „aufgemacht" und sich nun in einer äußerlich unveränderten Lebenssituation befindend, aber belastend „bereichert" um die nun immer wieder und öfter hochkommenden negativen Lebenserfahrungen aus der Kindheit. Zu oft vermischen sich Gefühle aus Kindheitserlebnissen mit Gefühlen aus der Aufarbeitungserfahrung.

Dass diese Ängste und Gefühle, diese Eindrücke und Wahrnehmungen oft diffus und nicht greifbar sind, weil sich die kindlichen Empfindungen in den damals erlebten Situationen mit der gegenwärtigen Gefühlswelt vermischen und für betroffene Menschen nur äußerst schwer voneinander zu trennen sind, muss hier nicht weiter erklärt werden. Sie können von den Betroffenen selbst selten konkretisiert werden, weil sie eben meist aus dem Unbewussten heraus wirken und Kindheitsängste sind. Das gilt nicht für alle betroffenen Menschen, aber es gilt doch für viele. Für sie sind Kindheitserlebnisse und Aufarbeitungserfahrungen beziehungsweise Begegnungen im Kontext der Aufarbeitung nun belastende Erlebnisse bis hin zur Retraumatisierung.

Oft wurde die jahrelange Strategie der Betroffenen, keine emotionale „Beziehung" zu Menschen einzugehen, von diesen bewusst aufgelöst. Immer aber mit der Erwartung, ja, Hoffnung der Veränderung zum Guten. Zudem ermutigten die Aufrufe, zu sprechen, betroffene Menschen zum Sprechen. Dabei wird vielleicht übersehen, dass das Schweigen auch eine Schutzstrategie ist, die man nur sehr behutsam und geschützt aufweichen sollte. Letztlich aber müssen außerhalb der institutionalisierten Aufarbeitung Kommunikationsräume entstehen, die gesellschaftlich Platz schaffen und Integration ermöglichen. Das Danach, nach dem ersten öffentlichen Reden, muss einer weiteren, vertiefenden gesellschaftlichen Integration dienlich werden. Das Erleben von Betroffenen könnte hier erste Ideen entwickeln helfen, wie hier eine echte Willkommenskultur aussehen könnte für die, die bereits so nachhaltig geschädigt und ausgegrenzt worden sind.

Kapitel 10
Mein Erleben

Hier erlaube ich mir nun zu sagen, wie es in mir gewesen ist. Dabei zählen nicht die guten Absichten derer in der „Außenwelt", sondern die verheerenden Verwüstungen in mir. Das ist schonungslos und ungeschönt. Es ist mein Innen, das dadurch kaum mehr heilen kann. Und wüsste ich keine anderen betroffenen Menschen, die ganz ähnlich fühlen, ich würde das hier nicht so beschreiben. Denn das zu beschreiben soll helfen zu verstehen und es macht den, der es beschreibt und sich so in seiner Verletzlichkeit sichtbar macht, eher noch verletzlicher. Zumal die Erfahrung mir gezeigt hat, dass sich oft Menschen als Zuhörer anbieten, die nicht in der Lage sind, zu verstehen!

Man wird durch sein Berichten deutlich als schwach wahrgenommen. Die Schwächen diesbezüglich betroffener Menschen aber sind die gleichen wie bei allen anderen Menschen auch, sie sind an der einen oder anderen Stelle verständlicherweise ausgeprägter. Die Schwächen allein machen diese Menschen allerdings nicht aus. Das gilt für betroffene und nicht betroffene Menschen gleichermaßen. Eine geschwächte Position aber haben betroffene Menschen in Gesprächen oft schon deshalb, weil sie über ihr Leid sprechen und darauf angewiesen sind, dass und wie ihnen die Zuhörer folgen.

In diesem Prozess der öffentlichen Aufarbeitung – der für Betroffene eben auch immer eine Schnittmenge aus individueller und öffentlicher Aufarbeitung darstellt – gab und gibt es eben viele Fehler. Natürlich von allen Protagonisten.

Zu meinen eigenen Fehlern nur so viel: Natürlich habe ich mich in dem Prozess der Aufarbeitung, ob persönlich oder öffentlich, oft falsch verhalten. Natürlich habe ich Fehler gemacht. Weniger im Sprechen und in dem, was ich gesagt habe, sondern in meinen Reaktionen anderen Menschen gegenüber, indem ich nicht die gefühlte Kränkung formulierte, sondern meine emotionale Reaktion auf diese nach außen getragen habe. Aufarbeitung ist und bleibt eben sehr emotional. Was hier für den Verstand dumm erscheint, scheint dem Gefühl manchmal genau dann geradezu genial. Wenn ich also jetzt erzähle, dann sind meine Fehler erst einmal irrelevant, weil ich es mir erlauben darf, mich ernst zu nehmen, und ich will hier meine Gefühle nicht infrage stellen.

Wenn man mich, so wie viele andere betroffenen Menschen auch, nun aufforderte zu reden, hatten die Worte nicht immer zwingend die Bedeutung, die ein zuhörendes Gegenüber ihnen gab. Das heißt, welche Bedeutung hatte das Sprechen für mich, und welche Bedeutung gaben die Hörenden diesem? Für viele betroffene Menschen sexualisierter Gewalt in der Kindheit zählte die Beziehung, Sprechen war eine Einladung in die Welt, dazuzugehören (also müsste man folglich im Gespräch bleiben), es sei denn, die Zugehörigkeit endete wieder.

Wie gesagt, wir waren, so fühlen es eben viele betroffene Menschen jetzt, nicht eingeladen, dazuzugehören, sondern „nur mal" von der eigenen Welt zu berichten. Für mich war das ein bisschen wie damals, als Kind, Sie erinnern sich? Als ich von „meiner Welt" und der „Außen-Welt" sprach.

Jetzt ist meine Welt eine Wüste, in der Scheinwerfer auf mich gerichtet sind, die jeden Winkel meiner Einsamkeit und meiner fehlenden Zugehörigkeit ausleuchten, während im Hintergrund eine höhnische Stimme ertönt: „Du bist aus eigener Schuld allein, allein, allein … Du bist unannehmbar".

Und was habe ich für Menschen getroffen bei meinem Bemühen, meinen biografischen Hintergrund verstehend und mein Leben positiv verändernd aufzuarbeiten, aufzuarbeiten, was mir aus meinem frühen Leben so belastend anhängt? Fachleute, die sich sehr interessiert zeigten, dann aber aus nichtigem Grund das Gespräch abbrachen, ja, gar verweigerten – wobei ich gar keinen Grund sah, nicht einmal einen nichtigen; die Frau, die so empathisch alles verstand und mir mit ihrer Art so grenzenlos nahekam, aber im nächsten Augenblick genauso grenzenlos abweisend agierte und sich so als kaltschnäuzig und vollkommen unempathisch erwies; der scheinbar belesene Mann, der mit einer freundlich-eloquenten Fassade Einfühlungsvermögen und Mitgefühl vorgab, dessen er aber nur sehr eingeschränkt fähig war und der sich dann durch sein manipulatives und verletzendes Verhalten für mich als Soziopath entpuppte; Menschen, die klare Gesprächangebote machten, denen aber nie etwas folgen ließen;

Leute, die mit scheinbar großer Leidenschaft irgendein Projekt, irgendeine Aktivität mit mir angehen wollten, sei es ein Buch, ein Film, eine vertiefende Gesprächsbereitschaft, ein Irgendetwas, und die dann wortlos verschwanden. Wie die Person, die ich auf einer Veranstaltung traf, die mich ansprach, im Gespräch angab, schon Bücher geschrieben zu haben, und nun in Zusammenarbeit mit mir noch einmal aus neuer oder anderer Perspektive ein Buch machen zu wollen und dann nach einem kurzen intensiven Austausch einfach aber wortlos verschwand. Oder der Mensch, der mir zusicherte im Film anonym bleiben zu können, das dann aber spät zurücknahm, sodass ich im letzten Moment – sozusagen „gezwungenermaßen" – absagen musste; Menschen, die mir plötzlich meine Biografie aus der Hand nehmen wollten, indem sie behaupteten, meine Interessen besser vertreten zu können, als ich es für mich selbst tun kann; Menschen, die von sich aus anfragten, ob man in einem guten Kontakt bleiben wolle, und die sich dann Knall auf Fall mit keinem einzigen Wort mehr meldeten; Menschen, die ich bat, mir zu erklären, warum sie so reagierten, und von denen dennoch nichts mehr kam, und andere, die mich einfach ablehnten. Letztere sind mir aus heutiger Sicht am liebsten. All diesen Menschen bin ich begegnet, während ich mich geöffnet habe. Alles Menschen, die – ich sage das hier des Öfteren – sozusagen durch Nebentüren in den von der Aufarbeitung geschaffenen Vertrauensraum eingetreten sind. Sie waren nicht alle Teil der öffentlichen Aufarbeitung, aber Teil der Menschen, die mir in diesem Kontext bedeuteten: „Das und du interessierst mich, lass uns fortfahren." Sie nahmen es zurück und das Gefühl, das dabei entsteht, ist eines, das betroffenen Menschen sexualisierter Gewalt in der Kindheit in Aufarbeitungsprozessen immer wieder widerfährt.

Was glauben Menschen, was sie da tun? Sie benehmen sich wie geistliche Missbraucher, sich sonnend im Glanze eines so empathisch-sozialen Engagements, einer moralischen Integrität und dabei werden die Menschen verheizt, die sich vertrauensvoll berichtend öffneten. Und woher nehmen sie sich das Recht, das so zu tun? Was glaubt man denn, was das für diese berichtenden Menschen ist? Ein ganz netter Zeitvertreib?

Ich weiß, manche der Aufgezählten wissen sicher gar nicht, was sie da tun. Menschen, die ich in meiner – gerade durch sie so schwierig verlaufenden – persönlichen Aufarbeitung hier kennengelernt habe, die aus Gründen der Selbststabilisierung handelten und handeln, also selbst mit psychischer Instabilität kämpfen, wissen es sicher nicht so recht. Die Verantwortung – zumindest Mitverantwortung – für die gesetzten Folgen aber bleibt dennoch. Menschen, die plötzlich anfangen, ihre bizarren Beziehungen nach außen zu tragen und mich in irgendeiner Form „einbeziehen", wissen sicher auch nicht wirklich, was sie da tun. „So kannst du jetzt das wahre Leben kennenlernen", hat jemand in diesem Zusammenhang einmal zu mir gesagt. Ich musste dann erst einmal herausfinden, dass das alles andere als „normal" war. Menschen, die irgendwo eine „gute Story" abliefern wollten, sich aber dann wieder unvermittelt aus dem Staub machten, Menschen, die gar keine soziale Kompetenz besaßen. Menschen, die einzig und allein einer selbstbezogenen Motivation folgten. Sie alle sollten es tunlichst vermeiden, mit betroffenen Menschen sexualisierter Gewalt in der Kindheit umzugehen. Aber viele solcher Menschen drängen sich geradezu in diesen durch die öffentliche Aufarbeitung eröffneten Vertrauens- und „Öffentlichkeitsraum". Sie suchen ihre Bedeutung, statt den betroffenen Menschen und ihren Berichten Bedeutung zu geben. Wenn parallel dazu von Staat und Gesellschaft keine Antworten kommen, die positiv wirken, wird das Ergebnis des Sich-Öffnens ein desaströses sein. Und das ist es für viele betroffene Menschen auch geworden.

Diesen Menschen würde ich gerne sagen: „Schämt euch!" Aber sie können das gar nicht, sie verstehen überhaupt nicht, was ich meine. Sie wollen gar nicht verstehen in ihrer narzisstischen oder sonstigen Verblendung. Diese Begegnungen kamen und kommen ungefiltert in meinem zerstörten Inneren an und können und konnten dort oft nicht sortiert werden. „Danken dafür" ist mir nicht möglich.

Was also haben mir zehn Jahre dieser Aufarbeitung gebracht? Ich bin es müde, ich zu sein. Ich hasse es, dankbar kleine Krümelchen von „wir wertschätzen dich und deine – für einen ‚Gestörten' echt tolle – Leistungen" annehmen zu müssen.

Ich möchte die Gewalt und explizit die sexualisierte Gewalt aufarbeiten, die man mir als Kind angetan hat. Aber immer und immer wieder wird mir deutlich, dass ich in diesem Thema falsch bin. Nicht nur, dass man immer wieder auf Menschen trifft, die sich in diesem Themenfeld mit betroffenen Menschen nicht bewegen sollten, sondern ich fühle mich tatsächlich selbst in diesem Themenfeld an falscher Stelle. Das tut weh! Das verletzt mich. Und ich bin bei Weitem nicht der Einzige. Neben den oben erwähnten Gründen gibt es nämlich einen weiteren Aspekt für männliche Betroffene, der hier nicht unerwähnt bleiben soll.

Immer wieder werde ich gerade in dieser Thematik mit einem Männerhass konfrontiert und mit Menschen, die nicht fähig sind, ihr feministisches Dogma auch nur für einen Zentimeter zu verlassen. Es ging mir in meiner Aufarbeitung um die Bewältigung meiner gewaltdurchsetzten Kindheit und Jugend. Die habe ich als Junge und als Mann erlitten, von Frauen und von Männern. Und da geht es nun einmal sehr stark um sexualisierte Gewalt. Eine Form von Gewalt, unter der ich gelitten habe und deren Opfer ich wurde – und bis heute mit den Folgen zu kämpfen habe. Es geht mir dabei nicht darum, dass das Patriarchat abgeschafft wird, Männer geschwächt und Frauen gestärkt werden. Das ist sicher an vielen Stellen notwendig, aber ich muss meine Biografie bearbeiten, und darum geht mein Kampf gegen die sexualisierte Gewalt gegen Kinder und gegen jeglichen Machtmissbrauch, und es gibt genug Frauen, die solche Missbräuche ebenfalls als Täterinnen begehen.

Ich will nicht den einen Menschen glorifizieren, nur weil er eine Frau ist, und nicht andere Menschen abwerten, nur weil sie Männer sind. Und „Macht" will ich weder dem einen noch der anderen zugestehen. Aber weil ich mich im Bereich der sexualisierten Gewalt befinde, bekomme ich – in meinem Versuch, meine Biografie aufzuarbeiten – immer und immer wieder Männerherabsetzendes zu lesen und zu hören. Und das gerade von Menschen, die das Missbrauchsthema für ihre feministische Agenda zu instrumentalisieren versuchen.

Ich bin Mann und daher tendenziell eher immer erst einmal Täter. Auch das war und ist ein echter Hemmschuh für so manchen männlichen Betroffenen sexualisierter Gewalt in der Kindheit. Wollen sie ihre Biografie aufarbeiten, kommen sie an diesem Thema gar nicht vorbei und erleben dann aber immer wieder, durch verallgemeinernde Äußerungen, gerade bei diesem Thema, wie sie tendenziell den Tätern zugerechnet werden. Unter anderem auch deshalb, weil bei diesem Thema Männer eben scheinbar immer noch nicht Opfer sein können, denn das stört offenbar so manche Ideologie. Ich finde mich immer wieder in Situationen, in denen ich mich erklären und rechtfertigen muss. Es ist übrigens ein Umstand, der sehr stark an eine Behauptung erinnert, die auf männliche Opfer sexualisierter Gewalt in der Kindheit zugeschnitten war und ist, und diese männlichen Opfer unter anderem deshalb oft – und oft lange – lieber hat schweigen lassen. „Wer als Kind Opfer sexualisierter Gewalt wurde, der wird das später selbst auch tun." Derartige Behauptung und Unterstellung ist allein an männliche Opfer sexualisierter Gewalt in der Kindheit gerichtet, weil man einem weiblichen Opfer sexualisierter Gewalt in der Kindheit so etwas gar nicht erst unterstellen würde, da ihr Opferstatus geschlechterkulturell gut zu vereinbaren ist und ihr deshalb ohne jedwelche Einschränkung der Opferstatus zugesprochen werden kann.

Im gesellschaftlichen Denken greift hier immer noch – wenn auch indirekt – das Rollenklischee Frau ist gleich Opfer, Mann ist gleich Täter.

Ich bin kein Gewalttäter, ich bin – und dafür schäme ich mich nun auch – ein Mann, und längst weiß ich, hätte ich nur ein klein bisschen eine Affinität zur Gewalttätigkeit, mein Leben wäre besser, zumindest einfacher verlaufen.

Kapitel 11
Vergangenheit und Gegenwart

Es gibt also Menschen, und davon nicht wenige, die sind aus ihrer Kindheit und Jugend heraus traumatisiert in dieses Leben gestartet. Vielen war es nicht möglich, über ihre Erlebnisse zu sprechen. Dafür gibt es viele Gründe. Sie hatten für das, was geschah, gar keine Sprache. Sie konnten nicht erkennen, was mit ihnen geschah, denn viele – so auch ich – lebten in einer Zeit, in der sehr schleichend aber beständig die Rechte von Kindern untergraben wurden, z. B das Recht auf Selbstbestimmung über den eigenen Körper. Eine wirklich diesen Kindern helfende Gegenbewegung gab es nicht, zu gut waren die Befürworter päderastischer Beziehungen vernetzt. Das heißt, es gab sehr viele gesellschaftlich einflussreiche Menschen, die sexuelle Beziehung zu Kindern guthießen und/oder kindliche Bedürfnisse für die eigene sexuelle Erregung ausnutzten. Machtvoll wurden sie, als sie die Deutungshoheit über dieses Thema übernahmen und jahrzehntelang behielten. Täter und Täterinnen, Unterstützer und Unterstützerinnen war zu dieser Zeit scheinbar nichts entgegenzusetzen, und das alles bekam noch eine zusätzliche Eigendynamik durch die Schweiger, die Schulterzucker, die Weggucker und diejenigen, die einfach nicht wissen wollten. Sie schwammen mit, guckten nicht so genau hin, weil alles im Fluss war. Gegen den Fluss ist immer schwer! Es ist anstrengend! Wer gegen den Strom schwimmt, denkt anders und handelt anders, wer gegen den Strom schwimmt, leistet Widerstand, sagt Nein und protestiert. Aber auch was Protest war, und wie er auszusehen hatte, wurde vorgegeben. Für Frieden, Gerechtigkeit, eine bessere Welt und befreite Sexualität zu kämpfen, konnte man nur in diese eine vorgegebene Richtung, man passte die eigenen Ideale und manchmal auch sein Leben an. So schwammen dann also die meisten Menschen mit, und viele Kinder wurden von diesem zerstörerischen Strom mitgerissen und gingen in ihm unter.

Dieser Strom war derart reißend, dass viele Kinder, Jugendliche und Schutzbefohlene etwas ganz Zentrales verwehrt blieb. Die zentralen Grundwerte unserer freiheitlichen demokratischen Gesellschaft.

Diese sind unter anderem solche Dinge wie Freiheit, Sicherheit, Gerechtigkeit, Gleichheit des Rechts, der Teilhabe und der Lebenschancen und somit die soziale Gerechtigkeit.

In Freiheit aufzuwachsen heißt aber doch, sich so gut wie irgend möglich entfalten zu können – und das möglichst behütet, also in Sicherheit. Aber diese Sicherheit gab es nicht. Der Staat und die Gesellschaft haben diesen Kindern diese Sicherheit verwehrt, weil sie nicht hingeschaut haben, weil sie nicht reagiert haben, weil sie an fast keiner Stelle wirksam gegensteuerten. Das war ein sehr umfängliches Versagen.

Es ist für betroffene Menschen nicht ganz leicht, viele dieser Mit-dem-Strom-Schwimmer, Nicht-Hingucker und

Weggucker, Profiteure, dieser Schulterzucker des damaligen Mainstreams heute satt und zufrieden in gesellschaftlich angesehenen Positionen zu erleben, die, angesprochen auf die damals praktizierte und für so manches Kind derart lebenszerstörende Gleichgültigkeit, wieder nur mit Schulterzucken reagieren und darauf hinweisen, dass die Zeit damals eben so war, wie sie war. Eine andere eben.

Diesen Kindern wurde das Recht auf Schutz an Leib und Seele nicht gewährt, also das Recht, in Freiheit gesund aufzuwachsen. Und was beinhaltet das? Diesen Kindern widerfuhr keine Gerechtigkeit. Und damit sind sehr schnell die Gleichheit der Lebenschancen nicht mehr gegeben, die Teilhabe am Leben auch nicht, sie sind stark eingeschränkt. Oft wird das Lernen verunmöglicht und somit die Teilhabe an Bildung. Das Kind befindet sich in einer Situation, in der es keine soziale Sicherheit mehr erfährt oder erleben kann. Das heißt, über lange Zeit muss man dem deutschen Staat beim Kinderschutz ein Systemversagen attestieren. Heime und Schulen hat der Staat zu kontrollieren und über die Jugendämter auch das Kindeswohl anderswo. Der Staat kam dieser Aufgabe lange Zeit nicht wirklich, und wenn, dann oft nur sehr unzureichend, nach.

In Art. 6 Abs. 2 GG heißt es:

„Pflege und Erziehung der Kinder sind das natürliche Recht der Eltern und die zuvörderst ihnen obliegende Pflicht. Über ihre Betätigung wacht die staatliche Gemeinschaft."

Das heißt ganz praktisch, der Staat überwacht und kontrolliert das Kindeswohl, ja, er garantiert über die Heim- und Schulaufsicht, über Jugendämter und Familiengerichte den Schutz und die Rechte des Kindes. Das ist eine große, eine nicht immer lösbare Aufgabe. Dass der Staat dieser Aufgabe aber jahrzehntelang viel zu wenig und an vielen Stellen so gut wie gar nicht nachkam, ist nicht entschuldbar. Damit hinterließ er eine Millionenzahl an geschädigten Kindern, die nun, wenn sie alles überlebt haben, als erwachsene Menschen meist immer noch mit Einschränkungen leben müssen, Einschränkungen, die Folgen ihrer Kindheitserfahrungen sind. Diese Menschen versuchten ab der Jahrtausendwende die Verbrechen an ihnen und ihrer Kindheit in die Öffentlichkeit zu bringen. Letztlich gelang das erst ab 2010, auch weil es ab diesem Zeitpunkt erst eine Öffentlichkeit zu geben schien, die wissen wollte. Die wirkmächtigen Täterkreisstrukturen wurden von dieser Welle „überrollt". Doch sie haben sich erholt und scheinen nun die Rückkehr zum Schweigen – zumindest teilweise – zu erzwingen.

Ab 2010 verhielt sich der Staat wieder nicht so, wie er es hätte tun müssen. Vielleicht hat man sehr früh die Dimension der Verbrechen und des Versagens erkannt, dann sorgenvoll auf die eigentlich zu jeder Zeit klammen Kassen geschaut, und danach sein weiteres Handeln ausgerichtet. Und dieses Handeln war bestimmt von nach außen getragenem Verständnis und großer Empathie für die nun Sprechenden, wobei gleichzeitig immer mitbedacht wurde, dass dieses Versagen über Jahrzehnte möglichst zu keinen Kosten führen darf, oder diese so gering wie möglich zu halten sind. Das ist eine Bewertung! Für jedes einzelne diesbezügliche Schicksal eine relativierende Bewertung!

Und daher befinden sich die betroffenen Menschen jetzt zwischen „Wir verstehen dich" und „Aber die Konsequenzen ziehen wir nicht". Und das macht etwas mit denen, die jetzt nach ihrem Sprechen auf Gerechtigkeit warten.

Und so wiederholt sich teilweise das, was diesen betroffenen Menschen in der Kindheit und Jugend widerfuhr.

Ein Verstärker der Erlebniswelt, die stark mit ihren jeweiligen Kindheitserlebnissen gekoppelt ist, sind für diese – jetzt sprechenden – betroffenen Menschen, die Erwartungen. Keine Erwartungen auszubilden, ist aber auch nicht die Regel. Man wartet nach dem Sprechen doch immer auf etwas. Auf eine Reaktion. Alle Menschen haben doch mit ihrem Tun, Handeln und Sprechen Vorstellungen über das, was es bewirken soll. Natürlich haben betroffene Menschen sexualisierter Gewalt in der Kindheit etwas erwartet, sich gewünscht, erhofft und wahrscheinlich sogar etwas sehr Bestimmtes gewollt, als sie sich entschlossen, ihre existenzbedrohenden Erlebnisse in die Öffentlichkeit zu tragen. Diese Erwartungen bestimmen dann im gesamten Prozess auch das Erleben.

Mit der Einladung zum Sprechen und dem Versprechen, dass das hilft, wurden Erwartungen geweckt, die ganz eindeutig und heute für jeden sichtbar mit einem hohen Enttäuschungs-potenzial und letztlich mit einer hohen Enttäuschungsquote versehen waren. Schon deshalb, weil dadurch eine hohe Erwartungshaltung erzeugt wurde. Wenn diese Erwartungen sich verknüpfen mit Dingen wie Gerechtigkeit, Vertrauen, Verlässlichkeit, Sicherheit, Teilhabe, und das gleichzeitig Dinge sind, auf die man in prägender Zeit und in großer seelischer Not hat verzichten müssen, dann sind große Enttäuschungen vorprogrammiert. Die aus den Erwartungen entstehenden Enttäuschungen machen wieder das, was in der Kindheit so schmerzhaft erfahren wurde: einsam, klein und abhängig. Dem hätte Staat und Gesellschaft mit adäquaten Antworten entgegenwirken können und müssen.

Ja, diese Erwartungen hatten etwas mit Zugehörigkeit zu tun. Gemeinsamkeit, Teilhabe, Vertrauen, Gegenseitigkeit und Solidarität erhofften sich die sprechenden Menschen, und zumindest mit Vertrauen wurde auch geworben. Ist es dann wirklich verwunderlich, dass diese Menschen auch Gerechtigkeit erwarteten? Was war denn dieses Sprechen? Was beinhaltete es? Mit dem Sprechen teilten betroffene Menschen sexualisierter Gewalt in der Kindheit ihr Wissen, aber in diesem Sprechen lag doch auch ein „Absprechen" im Sinne von „sich verständigen" und „sich einigen" inne. Sich verständigen und einigen darauf, dass wir nun gemeinsam von großem Unrecht wissen. Und dann aber passiert nichts? Zumindest nichts, was die persönlichen Situationen vieler dieser Sprechenden nachhaltig verbessert hätte. Der Staat hält sich wieder raus. Er wird seiner Verantwortung nicht gerecht. Es gelingt dem Staat wieder nicht, Gerechtigkeit herzustellen, selbst dort nicht, wo er Verantwortung übernehmen muss, weil er die Verantwortung trägt. Wenn aber scheinbar schon die Zuweisung von Verantwortung nicht gelingt, wird sich auch schwerlich etwas an den Strukturen ändern lassen, die diese – hier thematisierten – Verbrechen ermöglichen.

Gerade dort, wo es um Gerechtigkeit geht, reagieren Staat und Gesellschaft halbherzig und wenig menschlich in ihren sehr vereinzelten Antworten. Doch dort, wo es in unseren Kindheiten keine Gerechtigkeit gab und wir nur Ungerechtigkeit spürten und erlebten, diese aber nicht formulieren oder verstehen konnten, entwickelten wir genau an diesem Punkt eine Art „Ungerechtigkeitssensibilität". Heute nun, als erwachsene Menschen, ist vielen von uns genau an diesem Punkt Gerechtigkeit wichtig, und wir reagieren stark auf die von uns nun wieder gefühlte Ungerechtigkeit. Heute erfassen wir die Ungerechtigkeiten, die uns widerfuhren, und wir fühlen es jetzt als Ungerechtigkeit, dass auf unser Berichten hin nicht angemessen reagiert wird. Auch in diesem Punkt verknüpft sich die jeweils eigene Bedeutsamkeit von Gerechtigkeit, geprägt durch die Kindheitserfahrungen, mit dem, was wir heute in der Aufarbeitung erleben. Wir sind empfindlich, das hat Gründe und seine Berechtigung. Der Versuch, die Negativerfahrungen der Kindheit aufzuarbeiten, führt – weil die wichtigen Antworten von Staat und Gesellschaft fehlen – erneut zu Negativerfahrungen im Hier und Jetzt. All diese „Rückkopplungen" haben ein hohes Retraumatisierungspotenzial.

Und so häufen sich Enttäuschungen, Kränkungen und Verletzungen immer weiter an – unsichtbar, unstillbar, verzweifelt. So haben sich viele an der Aufarbeitung und den Verletzungen abgearbeitet – aufgearbeitet haben sie ihre leidvollen Erfahrungen nicht, sondern Verletzungen erneut wieder aufgerissen. Wenn die vielen heute herausschreien würden, wie es ihr Innerstes aufwühlt und belastet, dann ist das das andere Gesicht der Aufarbeitung, das mitzuteilen nirgends Raum ist. Es ist eine andere erlebte Seite der Aufarbeitung. Auch die von mir erlebte Aufarbeitung. Sie ist nicht gefällig, ich bin nicht dankbar, weil es in mir – in uns – so ist, wie es ist.

Viele von sexualisierter Gewalt in der Kindheit betroffene Menschen, die diese prägenden Erlebnisse hatten und dann viele Jahre mit den Folgen lebten, täglich und stündlich, brauchen nicht nur über längere Zeit positive Rückmeldungen, um zu lernen, diese Rückmeldungen wenigstens ein klein wenig für sich annehmen zu können, sondern es sind eben – und vor allem – auch hilfreiche Antworten notwendig.

Nach dem Sprechen entstand aber für viele betroffene Menschen sexualisierter Gewalt in der Kindheit eine Welt, in der sie früh hätten verstehen müssen, dass es nicht darum geht, wie es (in ihnen und in ihrem Leben) ist, sondern was die, die offiziell das Sagen haben, beabsichtigen. Die Absichten der betroffenen Menschen waren nicht so wichtig, dass sie prioritär behandelt worden wären. Sie waren dem unterworfen, wie sie hätten mitwirken und nachfolgend fühlen sollen – aber oft nicht konnten.

In unseren Kindheiten hat man unsere Kinderrechte nicht verteidigt, heute nun verteidigt man halbherzige Positionen uns gegenüber.

In unseren Kindheiten hatten wir Erwartungen, dass es irgendwann aufhört oder für uns verständlich wird, heute nun, nach dem Sprechen, hört das Warten auf Gerechtigkeit – und somit das Gefühl, verstanden worden zu sein – nicht auf.

In unseren Kindheiten kämpften wir einen einsamen und aussichtslosen Kampf, unsere jeweilige Situation besser zu verstehen oder gar zu lösen, heute nun stecken wir oft wieder fest in einem aussichtslosen Kampf, unsere jeweilige Situation zu verbessern.

In unseren Kindheiten waren wir spürbar – oft sichtbar – gekennzeichnet, heute, nach dem Sprechen, wirkt häufig wieder ein Stigma. Damals wie heute müssen betroffene Menschen ihr Leben so organisieren, dass es nicht so stark wirken kann.

In unseren Kindheiten agierten der Staat und die Gesellschaft uns gegenüber wenig hilfreich, heute nun agieren sie uns gegenüber genauso wieder.

Wir haben die Kehrseite der Furcht erlebt, erlebt als die angstfreie Entfaltung der Gewalt gegen uns Kinder, oftmals mit Gottes Segen und/oder einer willfährigen Obrigkeit.

Das war damals schon unentschuldbar, auch wenn – oder gerade weil – man die Gewalt umdeklarierte zu etwas Erstrebenswertem. Heute helfen keine Entschuldigungen mehr,

denn an irgendeinem Punkt muss dann auch einmal Verantwortung übernommen werden, und ein Tätigwerden in Form
von hilfreicher, nachhaltiger und kompromissloser Unterstützung ist der einzige Weg, uns gegenüber noch glaubhaft zu
werden.